한글만 알면 **꿩먹고 알먹고**

라틴어 첫걸음

조경호 지음

문예림

한글만 알면 꿩 먹고 알 먹는
라틴어 첫걸음

초판 1쇄 인쇄 2007년 9월 15일
2판 3쇄 인쇄 2024년 12월 25일
2판 3쇄 발행 2025년 1월 10일

지은이 조경호
펴낸이 서덕일
펴낸곳 도서출판 문예림

출판등록 1962.7.12 (제406-1962-1호)
대표전자우편 info@moonyelim.com
통합홈페이지 www.moonyelim.com
문의사항 카카오톡 "도서출판 문예림" 검색 후 추가 후 문의

ISBN 978-89-7482-525-6(13790)

이 책은 저작권법에 의해 보호를 받는 저작물이므로 무단 복제·전재·발췌할 수 없습니다.
잘못된 책은 구입하신 곳에서 교환해 드립니다.

머리말

라틴어 학습은 서구문명이 과거에 어떻게 번성했는지 직접 느낄 수 있는 접속 코드와 같은 역할을 할 수 있습니다. 현대어와 다르게 복잡한 구조는 우리의 사고를 논리적으로 만들 수 있는 충분한 연습효과를 나타낼 수 있다는 것은 두말할 필요가 없을 것입니다. 그리고, 라틴어 학습은 몇몇 현대 유럽어들의 근원을 파악하고 이해하는 지름길이 될 것입니다. 특히 스페인어, 프랑스어, 이탈리아어, 포르투갈어, 루마니아어는 말할 필요도 없고, 영어 단어 속에서도 그 어원을 풀이하는 뿌리와 같은 역할을 하고 있으며, 한글에서 한자와 같은 역할을 한다는 것을 느낄 수 있을 것입니다.

과거 유럽에서 라틴어는 2,500여 년에 걸쳐서 유럽문화의 토대를 이루면서, 신학은 말할 것도 없고, 철학, 문학, 의학, 예술, 역사 분야에서도 표준어 역할을 해왔기 때문에 라틴어를 공부하면 할수록 그 힘과 범위를 느낄 수 있을 것입니다.

이 책을 처음 쓰고자 한 것은 용인한국외국어대학교 부설고등학교 학생 여러분들이 외국문화와 외국어의 뿌리를 알게 해서 국내·외 대학으로 진학을 했을 때, 자신의 공부에 조금이라도 도움이 되었으면 하는 바람으로 기존의 딱딱한 문법서의 형식을 탈피해, 쉽고 재미있게 라틴어에 접근하도록 만드는 데 목적을 가지고 있었습니다. 하지만, 논문을 쓰기 위해서 참조하며 라틴어 자료를 공부하던 것과는 너무 거리가 있음을 느끼고, 많은 부족함을 느끼게 되었습니다. 용인외대부속고 학생 여러분과 그 외에 처음 이 책을 가지고 공부하시는 분들은 부디 이 책을 가지고, 여러분이 가지고 있는 라틴어에 대한 두려움을 벗어버리는 처음 입문서로서의 역할을 했으면 하는 바람입니다.

이 책은 제목에서 볼 수 있는 것처럼 라틴어를 처음 접하는 학도들을 위해 간단하고 필요한 것만을 다루었기에 부족한 점이 많겠지만, 아쉬운 대로 꼭 필요하다고 생각되는 것들을 다루고 있으므로 빠짐없이 학습을 해주시길 바랍니다. 기회가 주어진다면, 앞으로 여러분이 주시는 고견을 더해, 약간 더 긴 문장과 문법을 가미한 다음 편이 나올 수 있도록 노력하겠습니다. 어려운 여건에서도 항상 새로운 것에 아낌없이 지원을 해주시는 문예림 서덕일 사장님과 그 직원분들께 감사드립니다.

2007년 8월

조 경 호

1부

- 라틴어 알파벳(Alphabētum)과 발음(Pronuntiātio) | 10
- 라틴어 음절 분해 | 15
- 라틴어 강세(Accentus) | 16
- 라틴어 이중모음(Diphthongi) | 18
- 주의할 발음 철자 | 19

2부

1. 숫자(1) Numerus [누메루스] | 22
2. 어디에 있습니까? Ubī est? [우비 에스트] | 24
3. 이것은 무엇입니까? Quid hōc est? [쿠이드 혹 에스트] | 26
4. 당신은 누구입니까? Quis es tū? [쿠이스 에스 투] | 28
5. 이것은 얼마입니까? Quanti hōc constat? [쿠완티 혹 콘스타트] | 30
6. 숫자(2) Numerus [누메루스] | 32
7. 간단한 회화(1) Colloquium simplicis [콜로쿠이움 심플리치스] | 33
8. 몇 시입니까?(1) Quota hōra est? [쿠오타 호라 에스트] | 36
9. 몇 시입니까?(2) Quota hōra est? [쿠오타 호라 에스트] | 38
10. 간단한 회화(2) Colloquium simplicis [콜로쿠이움 심플리치스] | 40
11. 오늘은 무슨 요일입니까?
    Quī diēs de hebdomas est hodiernus diēs?
    [쿠이 디에스 데 헵도마스 에스트 호디에르누스 디에스] | 42
12. 숫자(3) Numerus [누메루스] | 44
13. 나는 한국인이다. Egō sum Coreanus. [에고 숨 코레아누스] | 46
14. 우리는 한국인이다. Nōs sumus Coreanī. [노스 수무스 코레아니] | 48
15. 나는 집에 있다. Egō sum in domo. [에고 숨 인 도모] | 50
16. 그들은 어디에 있습니까? Ubī illī sunt? [우비 일리 순트] | 52
17. 책은 어디에 있습니까? Ubī est liber? [우비 에스트 리베르] | 54
18. 간단한 회화(3) Colloquium simplicis [콜로쿠이움 심플리치스] | 57

19. 오늘은 몇 일입니까?(1) Quī diēs de mēnsi est hodiernus diēs?
   [쿠이 디에스 데 멘시 에스트 호디에르누스 디에스] | 59

20. 오늘은 몇 일입니까?(2) Quī diēs de mēnsi est hodiernus diēs?
   [쿠이 디에스 데 멘시 에스트 호디에르누스 디에스] | 62

21. 오늘은 몇 일입니까?(3) Quī diēs de mēnsi est hodiernus diēs?
   [쿠이 디에스 데 멘시 에스트 호디에르누스 디에스] | 65

22. 숫자(4) Numerus [누메루스] | 67

23. 넌 어디로 가니? Quō tū īs? [쿠오 투 이스] | 69

24. 너희들은 어디에 가니? Quō vōs ītis? [쿠오 워스 이티스] | 71

25. 당신은 어느 나라 사람입니까? Unde tū es? [운데 투 에스] | 73

26. 친구가 온다. Amīcus venit. [아미쿠스 웨니트] | 75

27. 당신은 어디에서 오십니까? Unde tū venīs? [운데 투 웨니스] | 77

28. 어디에 나의 책이 있습니까? Ubī est liber meus?
   [우비 에스트 리베르 메우스] | 79

29. 어디에 우리의 책이 있습니까? Ubī est liber noster?
   [우비 에스트 리베르 노스테르] | 81

30. 나는 라틴어를 말합니다. Egō Latine loquor. [에고 라티네 로쿠오르] | 83

31. 나는 빵을 먹는다. Egō edō pānem. [에고 에도 파넴] | 85

32. 나는 한국에서 산다. Egō incolō Coream. [에고 인콜로 코레암] | 88

33. 나의 가족 Familia mea [파밀리아 메아] | 90

34. 당신은 무엇을 가지고 있습니까? Quid tū habēs?
   [쿠이드 투 하베스] | 93

35. 당신은 얼마의 돈을 가지고 있습니까? Quantam pecuniam tū habēs?
   [쿠안탐 페쿠니암 투 하베스] | 95

36. 당신은 책을 몇 권 가지고 계십니까? Quot librōs tū habēs?
   [쿠오트 리브로스 투 하베스] | 97

37. 당신은 어떠한 비서를 데리고 있습니까? Quālis scrība tū habēs?
   [쿠알리스 스크리바 투 하베스] | 99

38. 당신은 펜을 몇 개 가지고 계십니까? Quot pennas tū habēs?
   [쿠오트 펜나스 투 하베스] | 101
39. 언제 가십니까? Quandō tū īs? [쿠안도 투 이스] | 103
40. 왜 식사를 하지 않습니까? Cūr nōn tū edis? [쿠르 논 투 에디스] | 106
41. 내 책은 이것이다. Meus liber est hic. [메우스 리베르 에스트 힉] | 109
42. 그녀가 나에게 선물을 준다. Illa dat mihī donum.
   [일라 닫 미히 도눔] | 111
43. 날씨가 좋다. Tempestās est serēna. [템페스타스 에스트 세레나] | 113
44. 빵을 먹읍시다! Edāmus pānem! [에다무스 파넴] | 115
45. 당신은 무엇을 공부하십니까? Cui tū studēs?
   [쿠이 투 스투데스] | 118
46. 너는 몇 살이냐? Quot annōs tū habēs?
   [쿠오트 안노스 투 하베스] | 121
47. 누가 이것을 먹었습니까? Quis edit hōc? [쿠이스 에디트 혹] | 123
48. 이 책은 누구의 것입니까? Cūius huius liber est?
   [쿠이우스 후이우스 리베르 에스트] | 125
49. 당신은 누구를 기다리십니까? Quem tū exspectās?
   [쿠엠 투 엑스스펙타스] | 127
50. 맛이 좋다. Suāvis est. [수아위스 에스트] | 130
51. 소년은 키가 크다. Puer est altus. [푸에르 에스트 알투스] | 132
52. 나의 아버지는 나와 함께 극장에 간다.
   Meus pāter it mēcum ad cinemateum.
   [메우스 파테르 잍 메쿰 아드 치네마테움] | 134
53. 얼마나 아름다운가! Quī pulchritūdō! [쿠이 풀크리투도] | 136
54. 마리아는 그녀의 언니보다 더 아름답다.
   Maria est pulchrior quam sua soror.
   [마리아 에스트 풀크리오르 쿠암 수아 소로르] | 139

55. 그녀는 나를 친절하게 대한다. Illa mē tractat benignē.
    [일라 메 트락타트 베니그네] | 141

56. 나는 매우 바쁘다. Egō sum occupātissimus.
    [에고 숨 옥쿠파티시무스] | 144

57. 나는 라틴어를 공부할 수 있다. Egō Latine studēre possum.
    [에고 라티네 스투데레 포스숨] | 146

58. 나는 라틴어를 공부해야 한다. Egō Latine studēre dēbeō.
    [에고 라티네 스투데레 데베오] | 148

59. 나는 라틴어 공부를 하고 싶다. Egō studēre Latine volō.
    [에고 스투데레 라티네 월로] | 150

60. 만일 그가 이것을 한다면, 좋을 것이다. Sī hōc faciet, bene erit.
    [시 혹 파치에트, 베네 에리트] | 153

정답 연습문제 정답 | 155

부록1 관용어 | 167

부록2 주제별 단어 정리 | 175

부록3 문법정리(명사, 형용사, 동사 변화표) | 187
  1. 명사변화 | 188
  2. 형용사변화 | 205
  3. 동사변화 | 213

참고문헌

- **라틴-한글 사전**
  가톨릭대학교 고전라틴어연구소. 가톨릭대학교출판부. 서울. 1995.
- ***Latin and English Dictionary***
  John C. Traupman. BANTAM BOOKS. USA. 1966.
- **라틴어**
  신익성. 과학사. 서울. 1993.
- **라틴어 문법**
  고영민. 기독교문사. 서울. 1975.
- **라틴어첫걸음**
  성염. 경세원. 서울. 2003.
- **스페인어 어원 및 계통론**
  이재학. 송산출판사. 서울. 2002.
- **중급라틴어**
  허창덕. 가톨릭대학교출판부. 서울. 1994.
- **초급라틴어**
  허창덕. 가톨릭대학교출판부. 서울. 1963.

라틴어 알파벳(Alphabētum)과 발음(Pronuntiātīo)

a A   라틴어 알파벳의 첫 번째 문자. 어디에 쓰이건 「아, ㅏ」로 발음한다.

     rapitas 신속, 빠름   amīcus 친구   aqua 물
        라피타스   아미쿠스   아쿠아

     absolutus 완전한   adhuc 아직도   aedificium 건물
        압솔루투스   아드후크   아에디피치움

b B   라틴어 알파벳의 두 번째 문자. 어디에 쓰이건 「ㅂ」로 발음한다.

     barba 턱수염   balnea 목욕탕   bonum 선(善)
        바르바   발네아   보눔

     urbs 도시, 수도   rabidus 미친   subdoctor 부교수, 조교수
        우르브스   라비두스   수브독토르

c C   라틴어 알파벳의 세 번째 문자. 뒤에 오는 모음에 따라 「ㅋ, ㅊ」로 발음한다.
        뒤에 오는 모음이 /e, i/음이 올 때, [ㅊ] 소리가 나며, 뒤에 오는 모음이 /a, o, u/가
        오면 [ㅋ] 소리가 난다.

     Cicerō 키케로   circā ~의 주위에   cūr 왜(의문사)
        치체로   치르카   쿠르

     culpa 과오   cēnsus 인구조사   castellum 요새; 성(城)
        쿨파   첸수스   카스텔룸

d D   라틴어 알파벳의 네 번째 문자. 어디에 쓰이건 「ㄷ」로 발음한다.

     dēbeo 소유하다   decimus 열 번째(의)   diem 낮, 날(日).
        데베오   데치무스   디엠

     difficilis 어려운   digitus 손가락   diploma (여행허가) 신분증
        디피칠리스   디지투스   디플로마

e E   라틴어 알파벳의 다섯 번째 문자. 어디에 쓰이건 「ㅔ」로 발음한다.

     ecquandō 언제라도   ēlūdō 벗어나다   ēnūntiātiō 발표, 공표
        에크콴도   엘루도   에눈시아시오

equus 말(馬)
에쿠스

egō 나
에고

elephantus 코끼리
엘레판투스

fF

라틴어 알파벳의 여섯 번째 문자. 어디에 쓰이건 「ㅍ」로 발음한다.

fābula 말하다
파불라

facilis 쉬운
파칠리스

fatīgō 지치다
파티고

fēmina 여성
페미나

ferōx 사나운
페로쓰

fōrmō 만들다
포르모

gG

라틴어 알파벳의 일곱 번째 문자. 뒤에 오는 모음에 따라 「ㅈ, ㄱ」로 발음한다.
뒤에 오는 모음이 /e, i/음이 올 때, [ㅈ] 소리가 나며, 뒤에 오는 모음이 /a, o, u/가 오면 [ㄱ] 소리가 난다.

gēns 민족, 부족
젠스

Gigantēs 거인
지간테스

globus 둥근 덩어리
글로부스

gravis 무거운
그라위스

gubernō 통치하다
구베르노

gustūs 맛, 미각
구스투스

hH

라틴어 알파벳의 여덟 번째 문자. 어디에 쓰이건 「ㅎ」로 발음한다.

habitō 살다
하비토

homō 사람
호모

honor 영예
호노르

hospes 손님
호스페스

hūic 여기
후이크

hodiē 오늘
호디에

iI

라틴어 알파벳의 아홉 번째 문자. 어디에 쓰이건 「ㅣ」로 발음한다.
자음의 'i'는 「야」음을 취한다.

iam 지금
얌

īdem 동의
이뎀

imitātiō 흉내, 모조
이미타시오

importūnus 불편한
임포르투누스

indicium 정보
인디치움

īnsomnium 불면증
인솜니움

jJ

라틴어 알파벳의 아홉 번째 문자('i'와 같은 글자로 취급). 어디에 쓰이건 「ㅣ」로 발음한다. 이 글자는 여덟 번째 문자인 'i'와 같은 음가를 가지고 있으며, 아예 'j' 대신에 'i'로 교체하여 사용하는 글자가 많음.

jactantia 자만
야크탄시아

jējūnium 공복, 금식
예유니움

jocus 농담
요쿠스

jūdicium 재판, 심판
유디치움

jūnior 젊은이
유니오르

jūxtā 옆에, 가까이
유쓰타

k K
라틴어 알파벳의 열 번째 문자. 어디에 쓰이건 「ㅋ」로 발음한다.

kalendārium 달력
칼렌다리움

Karthāgō 카르타고(나라명)
카르타고

kalium 칼륨(화학원소)
칼리움

l L
라틴어 알파벳의 열한 번째 문자. 어디에 쓰이건 「ㄹ」로 발음한다.

labor 노력, 노동
라보르

laudō 칭찬하다
라우도

lavō 씻다
라워

līber 자유로운
리베르

liber 책
리베르

nūllus 아무도 ~아니하는
눌루스

m M
라틴어 알파벳의 열두 번째 문자. 어디에 쓰이건 「ㅁ」로 발음한다.

manus 손
마누스

māter 어머니
마테르

mātrimōnium 결혼
마트리모니움

maximē 매우, 아주
막시메

medicus 의사
메디쿠스

mīlle 천(千)
밀레

n N
라틴어 알파벳의 열세 번째 문자. 어디에 쓰이건 「ㄴ」로 발음한다.

nāris 코
나리스

nātiō 부족, 국가
나시오

nātūra 자연
나투라

negōtium 사업
네고시움

nōmen 이름
노멘

novīcius 새로운
노위치우스

o O
라틴어 알파벳의 열네 번째 문자. 어디에 쓰이건 「ㅗ」로 발음한다.

obiectus 사물, 목적물
오브엑투스

obligātus 의무의
오블리가투스

observō 관찰하다
오브세르워

occupātus 바쁜
옥쿠파투스

opīniō 의견
오피니오

optimus 최상의
옵티무스

p P
라틴어 알파벳의 열다섯 번째 문자. 어디에 쓰이건 「ㅍ」로 발음한다.

palma 손바닥
팔마

parātus 준비된
파라투스

pāter 아버지
파테르

pāx 평화(= pācis)　　plūs 더(욱)　　populāris 대중의
파스　　　파치스　　　　플루스　　　　　포푸라리스

q Q　라틴어 알파벳의 열여섯 번째 문자. 반드시 u와 함께 다른 모음 앞에서만 쓰인다.「ㅋ」로 발음한다.

quandō 언제　　quis 누구　　quantus 얼마나 큰
쿠안도　　　　　쿠이스　　　　쿠안투스
quōmodo 어떻게　quotiēns 몇 번이나　quālis 어떤, 무슨
쿠오모도　　　　쿠오시엔스　　　　쿠알리스

r R　라틴어 알파벳의 열일곱 번째 문자. 어디에 쓰이건「ㄹ」로 발음한다. 약간 혀를 굴리듯 발음한다.

rosa 장미　　rāna 개구리　　receptō 받아들이다
로사　　　　　라나　　　　　레쳅토
rēgīna 여왕　　religiō 종교　　respondeō 응답하다
레지나　　　　렐리지오　　　　레스폰데오

s S　라틴어 알파벳의 열여덟 번째 문자. 어디에 쓰이건「ㅅ」로 발음한다.

sacer 성스러운　　sāl 소금　　salvēte 안녕
사체르　　　　　　살　　　　　살웨테
satisfatiō 만족　　scrīptus 작문　　sēnsus 감각
사티스파시오　　　스크립투스　　　센수스

t T　라틴어 알파벳의 열아홉 번째 문자. 어디에 쓰이건「ㅌ」로 발음한다.

studium 열렬함　　tōtus 모든　　trīstis 슬픈
스투디움　　　　　토투스　　　　트리스티스
tuba 나팔　　tunc 그때　　turpis 못생긴
투바　　　　　툰크　　　　　투르피스

> **|주 의|**
>
> '-tio' 형태와 같이 다음에 모음이 따라오면, **-tia** '시아', **-tie** '시에', **-tii** '시이', **-tio** '시오'로 발음하지만 -ti 앞에 s, x, t가 오면 본래 발음대로 'ㅌ' 또는 약한 'ㄸ'으로 발음한다.
>
> 예) bēstia 짐승　　　　　　　ōrātiō 말, 담화
> 　　베스티아　　　　　　　　오라시오

u U 라틴어 알파벳의 스무 번째 문자. 어디에 쓰이건 「ㅜ」로 발음한다. 자음의 경우는 'v'로 대용된다.

    sanguis 피   lingua 혀, 언어   suādeō 권고하다
    산구이스   린구아   수아데오

    ubī 어디   ūtilis 유용한   ūva 포도
    우비   우틸리스   우와

v V 라틴어 알파벳 문자로는 'u'와 같은 순서의 글자로 취급한다. 어디에 쓰이건 「ㅜ」로 발음한다. 이 글자는 'u'의 자음이므로 'u'와 똑같이 읽는다.

    vivit 살다(3인칭단수)   vacātiō 자유   vacuus 빈, 깨끗한
    위위트   와카시오   와쿠우스

    valēns 강한, 건강한   vēritās 진리   vertō 돌리다
    왈렌스   웨리타스   웨르토

x X 라틴어 알파벳의 스물 한 번째 문자. 어디에 쓰이건 「ㄱ(=ㅋ)ㅅ」로 발음한다.

    nox 밤   exaudiō 이해하다   excellencia 우수, 탁월
    녹스   엑사우디오   엑스첼렌치아

    excūsō 용서를 빌다   xiphiās 황새치(魚)   taxātiō 평가
    엑스쿠소   크시피아스   탁사시오

y Y 라틴어 알파벳의 스물 두 번째 문자. 라틴어에서 y는 그리스어에서 들어 온 말을 표기할 때 사용되는 모음으로 「ㅣ」라고 발음이 된다.

    pyelus 욕조   mythicus 신비적   phylaca 죄수
    펠루스   뮈티쿠스   필라카

z Z 라틴어 알파벳의 스물 세 번째 문자. 어디에 쓰이건 「ㅈ」로 발음한다.

    zēlotypus 질투하는   zōna 구역   zōdiacus 12궁도의(점성술)
    젤로튀푸스   조나   조디아쿠스

라틴어 음절 분해

1. 이중모음 ae, oe, au를 제외한 모은 모음은 분리한다.
    예) dea 여신(女神) → de - a
        데아
        deae 여신들 → de - ae
        데아에
        trifolium 클로버(식물이름) → tri - fo - li - um
        트리폴리움

2. 모음, 자음, 모음 순서로 되어있을 경우, 자음은 뒤의 모음과 함께 음절 분해한다.
    예) amīcus 친구 → a - mī - cus
        아미쿠스
        teneo 잡다 → te - ne - o
        테네오
        eremum 쓸쓸한(중성) → e - re - mum
        에레뭄

3. 두 개 이상의 자음이 붙어 있을 경우 마지막 자음은 뒤의 모음과 함께 음절 분해한다.
    예) cōnsūmptus 소비되는 → cōn - sūmp - tus
        콘숨프투스
        capitellum 불쑥 커진 꼭대기 → ca - pi - tel - lum
        카피텔룸

4. 파열음 「[p], [t], [k], [b], [d], [g]」 다음에 유음 「[l], [r]」이 오는 경우는 하나의 자음군으로 간주하여 뒤에 오는 모음과 함께 음절 분해한다.
    예) patrem 아버지(대격) → pa - trem
        파트렘
        pūblicus 공공의 → pū - bli - cus
        푸블리쿠스
        poples 오금 → po - ples
        포플레스

5. 철자 / ch, ph, th, qu / 는 항상 하나의 자음으로 간주한다.
    예) architectus 건축가 → ar - chi - tec - tus
        아르키텍투스
        philosophia 철학 → phi - lo - so - phi - a
        필로소피아

라틴어 강세(Accentus)

*강세가 있는 음절은
다른 음절 보다 높고 강하게 발음된다.*

1. 한 음절의 단어는 물론 그 음절에 강세가 있다.
    예) vir 남자
        위르

2. 두 음절로 된 단어는 언제나 그 처음 음절에 강세가 있다.
    예) pā-ter 아버지
        파-테르
        vo-cō 부르다
        우오-코

3. 세 음절 또는 그 이상의 음절로 된 단어는 뒤에서 두 번째 음절(paenultima)의 발음이 길 때는 그 음절에 강세가 붙으며, 짧을 때는 뒤에서 세 번째 음절(antipaenultima)의 발음에 강세가 붙는다.
    예) de-mon-strā-re 나타내다
        데-몬-스트라-레
        ce-le-ri-tas 신속, 속력
        체-레-리-타스
        e-ven-tus 결과
        에-웬-투스

> |참 고
> ① 라틴어에서는 음절의 수가 아무리 많아도 뒤에서 3번째 이상으로 올라가는 강세는 없음.
> ② 3개의 후접어(enclitic) : -que(및), -ve(또한), -ne(의문사).
>   위의 후접어를 가지고 있는 단어는 무조건 그 후접어의 앞 음절에 강세가 온다.
>
>   예) mu-sa-que 노래와…
>   무-사-쿠에
>   re-go-ve 올바르게 알려준다. 또한…
>   레-고-웨

4. 장모음과 단모음의 구별
   ① 라틴어의 기본 장모음(ā, ē, ī, ō, ū).
   예) lau - **dō** 찬양하다
   　　라우 – 도
   　　jū - dae - a 유대(나라이름)
   　　유 – 다에 – 아

   ② 이중모음(ae, oe, au)도 장모음에 포함된다.
   예) cā - **rae** 얼굴(복수형)
   　　카 – 라에
   　　cau - sa 원인
   　　카우 – 사

   ③ 음절이 자음으로 끝나게 되면, 단모음이 장모음이 되어 길게 발음이 된다.
   예) lau - **dan** - **dus** 찬양하다(현재분사형)
   　　라우 – 단 – 두스
   　　mis - si - lis 던질 만한
   　　미스 – 시 – 리스

   ④ 위의 조건을 제외하면 모두 단 모음임.

라틴어 이중모음(Diphthongi)

*이중모음은 두 개의 모음을
한 개의 모음으로 취급하는 것을 말한다.
이중모음이 아닐 경우. 고전 라틴어에서는 모음 위에
우물라우트(··)를 사용해 표시했다.*

① ae [아에]   예) por-tae 입구(복수형)
                    포르-타에

② au [아우]   예) au-rum 금(金)
                    아우-룸

③ eu [에우]   예) Eu-rō-pa 유럽
                    에우-로-파

④ ei [에이]   예) hei-a 야호(감탄사)
                    헤이-아

⑤ oe [오에]   예) poe-na 벌(罰)
                    포에-나

⑥ ui [우이]   예) suil-lus 백조
                    수일-루스

|참 고|

이중모음이 아닌 것을 표시할 경우. 고전 라틴어 이후, 일반 문자에서는 우물라우트 표시(··)를 사용하지 않는다.

예) Po-ë-ta 시(詩)
    포-에-타

주의할 발음 철자

1) 다음의 철자는 마찰음으로 발음해야 한다.
    ① CH [ㅋ]   예) charta 편지; 종이
                                    카르타
    ② PH [ㅍ]   예) philosophia 철학
                                    필로소피아
    ③ TH [ㅌ]   예) theātrum 극장
                                    테아트룸

2) 다음의 철자는 한 음소로 간주해 발음해야 한다.
    ① Qu-[쿠]   예) loquor 말하다
                                    로쿠오르
    ② gu-[구]   예) lingua 언어
                                    린구아

PART 2

펑먹고 알먹는 **라틴어** 첫걸음

1. 숫자(1) Numerus [누메루스]

- ūnus   1
  우누스
- duo   2
  두오
- trēs   3
  트레스
- quattuor   4
  쿠아트투오르
- quīnque   5
  쿠인쿠에
- sex   6
  섹스
- septem   7
  셉템
- octō   8
  옥토
- novem   9
  노웸
- decem   10
  데쳄

- ūndecim   11
  운데침
- duodecim   12
  두오데침
- tredecim   13
  트레데침
- quattuordecim 14
  쿠아트투오르데침
- quīndecim   15
  쿠인데침
- sēdecim   16
  세데침
- septemdecim   17
  셉템데침
- duodēvīgintī 18
  두오데위진티
- ūndēvīgintī   19
  운데위진티
- vīgintī   20
  위진티

익히기

※ 외국어를 잘 익히는 방법 중에 가장 효과적인 어휘를 빨리 암기하는 것이 관건이다.
라틴어는 1부터 3까지만 격변화를 하고, 나머지 숫자들은 변화를 하지 않는다.

▶ **주격**일 경우 – '남성/여성/중성'을 구별해 본다.
- 1 → ūnus / ūna / ūnum
- 2 → duo / dua / duo
- 3 → trēs / trēs / tria

▶ **속격**일 경우 – '남성/여성/중성'을 구별해 본다.
- 1 → ūnius/ūnius/ūnius
- 2 → duorum/duarum/duorum
- 3 → trium/trium/trium

(참고) 대격, 여격, 탈격의 경우는 다음에 보기로 한다.

연습문제

1) 다음의 숫자를 라틴어로 옮겨보자.
   ① 4 → _____
   ② 7 → _____
   ③ 11 → _____
   ④ 15 → _____
   ⑤ 19 → _____

2) 다음 라틴어를 숫자로 옮겨보자.
   ① Quīnque → _____
   ② Octō → _____
   ③ sēdecim → _____
   ④ Duodēvīginitī → _____
   ⑤ Vīginitī → _____

2. 어디에 있습니까? Ubī est? [우비 에스트]

- Ubī?   어디?
  우비

- Ubī est?   어디 있습니까?
  우비 에스트

- Ubī valetudinarium est?   어디에 병원이 있습니까?
  우비   왈레투디나리움   에스트

- Ubī deversorium est?   어디에 호텔이 있습니까?
  우비   데웨르소리움   에스트

- Ubī museum est?   어디에 박물관이 있습니까?
  우비   무세움   에스트

- Ubī macellum est?   어디에 시장이 있습니까?
  우비   마첼룸   에스트

- Ubī schola est?   어디에 학교가 있습니까?
  우비   스콜라   에스트

- Ubī caupona est?   어디에 식당이 있습니까?
  우비   카우포나   에스트

- Ubī statiō est?   어디에 역이 있습니까?
  우비 스타시오 에스트

- Ubī statiō ultima est?   어디에 터미널이 있습니까?
  우비 스타시오 울티마 에스트

기억하기

① **est** : '~이다(있다)'의 3인칭 단수로, 나(egō)와 너(tū)를 제외한 사람과 사물을 주어로 할 때 사용할 수 있다.

※ **Sum**(~이다; ~있다) 동사 현재 변화형 암기.

	단수	복수
1인칭	sum	sumus
2인칭	es	estis
3인칭	est	sunt

② 라틴어는 관사가 없다.
③ 라틴어의 어순은 자유롭지만, 일반적으로 「주어(생략가능) + 주어의 형용사 + 간접목적어 + 직접목적어 + 부사 + 동사」의 순서로 가장 많이 사용된다. 반드시 지켜야 하는 것은 아니다.

연습 문제

1) 다음을 라틴어로 옮기시오.

① 어디 →
② 어디에 ~있습니까? →
③ 박물관이 있습니까? →
④ 어디에 학교가 있습니까? →
⑤ 어디에 역이 있습니까? →

2) 다음의 빈칸을 채워 넣으시오.

▶ Sum 동사의 현재 변화형.

	단 수	복 수
1인칭	Sum	③
2인칭	①	④
3인칭	②	sunt

① →
② →
③ →
④ →

3. 이것은 무엇입니까? Quid hōc est? [쿠이드 혹 에스트]

- Quid hōc est?
  쿠이드 혹 에스트   이것은 무엇입니까?

- Liber est.
  리베르 에스트   책입니다.

- Graphis est.
  그라피스 에스트   연필입니다.

- Quid istud est?
  쿠이드 이스툰 에스트   그것은 무엇입니까?

- Mēnsa est.
  멘사   에스트   책상입니다.

- Sella est.
  셀라   에스트   의자입니다.

- Quid illud est?
  쿠이드 일룬 에스트   저것은 무엇입니까?

- Casa est.
  카사 에스트   집입니다.

- Taberna medicamentaria est.
  타베르나   메디카멘타리아   에스트   약국입니다.

기억하기

성(性, genus) – 라틴어 명사는 모두 성을 가지며, 자연성과 문법성이 있다.
① 남성(masculinum) – 남성의 생물, 즉 아버지나 아들 등등(자연성).
   하천, 바람, 달, 산 등등(문법성).
② 여성(femininum) – 여성의 생물, 즉 어머니나 딸 등등(자연성).
   도시, 나라, 섬, 나무 등등(문법성).
③ 중성(neutrum) – 무생물이나, 남·여 공통으로 쓰이는 성.

▶ 성과 어형이 어떻게 관계하는지 간단한 공식이 없음으로, 예외가 적은 것부터 조금씩 암기해야 함.
   (1) **-um**으로 끝나는 명사는 모두 중성.
      예) dōnum 선물   bracchium 팔
          perīculum 위험   bellum 전쟁
   (2) **-a**로 끝나는 명사는 여성인 경우가 많다.
      예) īnsula 섬   aqua 물
          ōra 물가, 해안   audācia 대담함
      【예외】
          agricola 농부   poēta 시인
   (3) **-us**로 끝나는 명사는 세 가지 성이 모두 될 수 있는데, 제 2변화 동사 또는 4변화 명사에 관한 한 남성이 됨.
      예) dominus 주인[남성]   cāseus 치즈[남성]
          oculus 눈(眼)[남성]   alvus 배(船)[여성]

연습문제

1) 다음을 라틴어로 옮기시오.

   ① 무엇?   → _____

   ② 책입니다.   → _____

   ③ 책상입니다.   → _____

   ④ 의자입니다.   → _____

   ⑤ 집입니다.   → _____

   ⑥ 이것은/그것은/저것은 (모두중성) → _____ / _____ / _____

4. 당신은 누구입니까? Quis es tū? [쿠이스 에스 투]

- Quis es tū?
  쿠이스 에스 투
  당신은 누구입니까?

- Egō sum Quīntus.
  에고 숨 쿠인투스
  저는 퀸투스입니다.

- Quis es tū?
  쿠이스 에스 투
  당신은 누구입니까?

- Egō sum alumnus.
  에고 숨 알룸누스
  저는 학생입니다.

- Quis est is(= ille)?
  쿠이스 에스트 이스(= 일레)
  그는 누구입니까?

- Is(= Ille) est medicus.
  이스(= 일레) 에스트 메디쿠스
  그는 의사입니다.

- Quis est ea(= illa)?
  쿠이스 에스트 에아(= 일라)
  그녀는 누구입니까?

- Ea(= Illa) est magistra.
  에아(= 일라) 에스트 마지스트라
  그녀는 선생님입니다.

- Quis sunt ei(= illī)?
  쿠이스 순트 에이(= 일리)
  그들은 누구입니까?

- Ei(= Illī) sunt medicī dentariī.
  에이(= 일리) 순트 메디치 덴타리이
  그들은 치과의사들입니다.

기억하기

① '인칭대명사'는 대개의 경우 사용하지 않는다. 동사가 인칭에 따라 변하기 때문에 특별히 강조하는 경우에만 사용한다. 하지만, 암기는 해두어야 한다.
   예) 주격 인칭 대명사:
   나(egō), 너(tū), 그(is; ille), 그녀(ea; illa), 우리(nōs), 너희들(vōs), 그들(ei; illī), 그녀들(eae; illae).

② 제 2변화 명사(-us)의 단·복수형과 제 1변화 형용사(-us)의 단·복수형.
   주격 명사 – dominus 주인 / dominī 주인들
   목적격 명사 – dominum / dominos

   주격 형용사 – bonus 선한 / bonī
   목적격 형용사 – bonum / bonos

연습 문제

1) 다음을 라틴어로 옮기시오.

① 누구? → _____

② 저는 학생입니다. → _____

③ 너(女)는 학생이다. → _____

④ 그는 학생입니다. → _____

⑤ 우리는 학생입니다. → _____

⑥ 너희들은 학생이다. → _____

⑦ 그녀들은 학생입니다. → _____

5. 이것은 얼마입니까? Quanti hōc constat? [쿠완티 혹 콘스타트]

- Quanti hōc constat?   이것은 얼마입니까?
  쿠안티   혹   콘스타트

- Quindecim dollaros constat.   15 달러입니다.
  퀸테침   돌라로스   콘스타트

- Quattuordecim euroos constat.   14 유로입니다.
  쿠아트오르데침   에우로오스   콘스타트

- Quanti constat ūnius kilogramma?   1 킬로에 얼마입니까?
  쿠안티   콘스타트 우니우스   킬로그람마

- Sēdecim euroos constat.   16 유로입니다.
  세데침   에우로오스   콘스타트

- Quanti ariena constat?   바나나는 얼마입니까?
  쿠안티   아리에나   콘스타트

- vīgintī dollaros constat.   20 달러입니다.
  위진티   돌라로스   콘스타트

- Quanti fōcāle constat?   넥타이(= 스카프)는 얼마입니까?
  쿠안티   포칼레   콘스타트

- Duodēvīgintī euroos constat.   18 유로입니다.
  두오데위진티   에우로오스   콘스타트

기억하기

① 화폐단위는 현대어이기 때문에 '달러(Dollar); 유로(Euro)'는 라틴어에서는 찾아 볼 수 없다. 그래서, 현대어를 라틴어식으로 표시한 것이다.
    달러 → dollarus, 유로 → eurous

② 지시 대명사 주격형.

	〈남성〉	〈여성〉	〈중성〉
이(사람, 것) –	hic	haec	hoc
이(사람들, 것들) –	hī	hae	haec
그(사람, 것) –	iste	ista	istud
그(사람들, 것들) –	istī	istae	ista
저(사람, 것) –	ille	illa	illud
저(사람들, 것들) –	illī	illae	illa

연습문제

1) 다음을 라틴어로 옮기시오.

　① 얼마나?　　　　　　→ _____

　② 가격입니다.　　　　→ _____

　③ 이것은 얼마입니까? → _____

　④ 16 유로입니다.　　　→ _____

　⑤ 10 달러입니다.　　　→ _____

2) 다음을 한국어로 번역하시오.

　① Quanti constat ūnius kilogramma? → _____

　② Quanti fōcāle constat? → _____

　③ Duodēvīgintī euroōs constat. → _____

　④ Ūndēvīgintī dollarōs constat. → _____

6. 숫자(2) Numerus [누메루스]

- vigintī   20
  위진티
- vigintī ūnus   21
  위진티 우누스
  (= ūnus et vigintī)
  (= 우누스 엩 위진티)
- vigintī duo   22
  위진티 두오
  (= duo et vigintī)
  (= 두오 엩 위진티)
- trīgintā   30
  트리진타
- trīgintā tres   33
  트리진타 트레스
  (= tres et trīgintā)
  (=트레스 엩 트리진타)
- quadrāgintā   40
  쿠아드라진타
- quadrāgintā quattuor   44
  쿠아드라진타 쿠앝투오르
  (= quattuor et quadrāgintā)
  (= 쿠앝투오르 엩 쿠아드라진타)
- quīnquāgintā   50
  쿠인쿠아진타
- sexāgintā   60
  섹사진타
- sexāgintā sex   66
  섹사진타 섹스
  (= sex et sexāgintā)
  (= 섹스 엩 섹사진타)
- septuāgintā   70
  셒투아진타
- septuāgintā septem   77
  셒투아진타 셒템
  (= septem et septuāgintā)
  (= 셒템 엩 셒투아진타)
- octōgintā   80
  옼토진타
- octōgintā octō   88
  옼토진타 옼토
  (= octō et octōgintā)
  (= 옼토 엩 옼토진타)
- nōnāgintā   90
  노나진타
- nōnāgintā novem   99
  노나진타 노웸
  (= novem et nōnāgintā)
  (= 노웸 엩 노나진타)

- quīnquāgintā quīnque 55
  쿠인쿠아진타 쿠인쿠에
  (= quīnque et quīnquāgintā)
  (= 쿠인쿠에 엩 쿠인쿠아진타)

- centum   100
  첸툼

기억하기

① 숫자에서 21~99까지 표현할 때, 「십 단위 일 단위」의 순서 방법과 「일 단위 et 십 단위」의 순서 방법이 있다.
  예) 37 = trīgintā septem
       septem et trīgintā

연습 문제

1) 다음의 숫자를 라틴어로 옮겨보자.

  ① 21 → _____
  ② 37 → _____
  ③ 56 → _____
  ④ 78 → _____
  ⑤ 99 → _____

2) 다음 라틴어를 숫자로 옮겨보자.

  ① Quadraginta sex → _____
  ② Sexaginta quattuor → _____
  ③ Octoginta tres → _____
  ④ Nonaginta septem → _____
  ⑤ Centum → _____

7. 간단한 회화(1) Colloquium simplicis [콜로쿠이움 심플리치스]

- Salvē!   안녕![= 잘가!]
  살웨   [= 잘가!]
- Salvēte!   안녕!(복수에게 지칭)[= 잘가!]
  살웨테   [= 잘가!]
- Avē!   안녕!
  아웨
- Avēte!   안녕!(복수에게 지칭)
  아웨테
- Valē!   잘가!
  와레
- Valēte!   잘가!(복수에게 지칭)
  왈레테
- Quid agis?   어떻게 지내니?
  쿠이드 아지스
- Valeō!   저는 좋아요(잘지내요)!
  왈레오
- Nōn valeō!   저는 잘지내지 못해요!
  논 왈레오
- Quid agitis?   너희들 어떻게 지내니?
  쿠이드 아지티스
- Valēmus!   우리는 잘지내요!
  왈레무스
- Optimē!   매우 좋습니다!
  옵티메
- Bene!   좋습니다!
  베네
- Sīc tenuiter!   그저 그래!
  식 테누이테르
- Male!   안 좋아!
  말레

- Pessimē!
  페시메

  아주 안 좋아!

- Gratias!
  그라시아스

  감사합니다!

- Multas gratias!
  물타스   그라시아스

  대단히 감사합니다!

- Etiam!
  에시암

  네!(긍정)

- Nōn!
  논

  아니요!(부정)

기억하기

① Avē/Avēte는 만났을 때 사용하며, Valē와 Valēte는 헤어질 때 사용한다. 그러나 Salvē/Salvēte는 만날 때와 헤어질 때, 모두 사용할 수 있다.

연습 문제

1) 다음을 라틴어로 옮기시오.

① 잘 가(여러 명에게)! → _____

② 잘 지내요! → _____

③ 너희들 잘 지내니? → _____

④ 매우 좋습니다. → _____

⑤ 그저 그래. → _____

⑥ 대단히 감사합니다. → _____

⑦ 아주 안 좋아! → _____

⑧ 네(긍정)! → _____

8. 몇 시입니까?(1) Quota hōra est? [쿠오타 호라 에스트]

- Quota hōra est? 몇 시입니까?
  쿠오타   호라 에스트
- Hōra prīma. 한 시입니다.
  호라   프리마
- Hōra secunda. 두 시입니다.
  호라   세쿤다
- Hōra tertia. 세 시입니다.
  호라 테르시아
- Hōra quārta. 네 시입니다.
  호라   쿠아르타
- Hōra quīnta. 다섯 시입니다.
  호라   쿠인타
- Hōra sexta. 여섯 시입니다.
  호라   섹스타
- Hōra septima. 일곱 시입니다.
  호라   셉티마
- Hōra octāva. 여덟 시입니다.
  호라   옥타와
- Hōra nōna. 아홉 시입니다.
  호라   노나
- Hōra decima. 열 시입니다.
  호라   데치마
- Hōra ūndecima. 열한 시입니다.
  호라   운데치마
- Hōra duodecima. 열두 시입니다.
  호라   두오데치마
- Hōra septima ante merīdiem. 오전 일곱 시입니다.
  호라   셉티마   안테   메리디엠
- Hōra septima post merīdiem. 오후 일곱 시입니다.
  호라   셉티마   포스트   메리디엠

기억하기

① 시간표현은 서수를 사용한다는 것을 반드시 알아둔다. 여기에서는 시간에 필요한 서수 12까지 읽혀둔다. 시간표현은 수식하는 명사가 「남성/여성/중성」일 경우, 어미가 「~us/~a/~um」으로 구분된다.
예) 제 1→prīmus/prīma/prīmum

연습문제

1) 다음을 라틴어로 옮기시오.

　① 몇 시 　　　　→ _____

　② 몇 시입니까? 　→ _____

　③ 두 시입니다. 　→ _____

　④ 12시입니다. 　→ _____

　⑤ 오후 5시입니다. → _____

2) 다음을 숫자의 서수형(남성/여성)을 쓰시오.

　① 1 → _____ / _____

　② 4 → _____ / _____

　③ 5 → _____ / _____

　④ 7 → _____ / _____

　⑤ 9 → _____ / _____

9. 몇 시입니까?(2) Quota hōra est? [쿠오타 호라 에스트]

- Quota hōra est? 몇 시입니까?
  쿠오타 호라 에스트

- Hōra prīma cum quīnque (minūtīs). 1시 5분입니다.
  호라 프리마 쿰 쿠인쿠에 (미누티스)

- Hōra secunda cum dimidiā (hōra). 2시 반입니다.
  호라 세쿤다 쿰 디미디아 (호라)

- Hōra tertia cum quadrante. 3시 15분입니다.
  호라 테르시아 쿰 쿠아드란테

- Hōra sexta cum dōdrante. 6시 45분입니다.
  호라 섹스타 쿰 도드란테

- Hōra octāva cum vīgintī (minūtīs). 8시 20분입니다.
  호라 옥타와 쿰 위진티 (미누티스)

- vīgintī minūtae ante tertiam (hōram). 3시 20분 전입니다.
  위진티 미누타에 안테 테르시암 (호람)

- Quadrante minūtae ante decimam (hōram). 10시 15분 전입니다.
  쿠아드란테 미누타에 안테 데치맘 (호람)

- Hōra quārta cum quadrante ante merīdiem. 오전 4시 15분입니다.
  호라 쿠아르타 쿰 쿠아드란테 안테 메리디엠

- Decem minūtae ante quīntam (hōram) 오후 5시 10분 전입니다.
  데쳄 미누타에 안테 쿠인탐 (호람)

  post merīdiem.
  포스트 메리디엠

---

① 분을 표시할 때는 「cum + 숫자」를 사용하는데, 15분, 30분, 45분을 표시하는 방법이 별도로 있음을 확인한다. 예) quadrante[15분], dimidiā (hōra)[30분], dōdrante[45분].

② ~분 전(前)을 표시할 때는 어순 「분 +ante + 시간(대격[=목적격] 형태)」에 유의한다.

연습문제

1) 다음을 라틴어로 옮기시오.

① 2시 5분이다. → _____

② 5시 반이다. → _____

③ 8시 15분이다. → _____

④ 11시 45분이다. → _____

⑤ 1시 10분전입니다. → _____

2) 다음을 한국어로 번역하시오.

① Hōra secunda cum quadrante.

→ _____

② Hora quārta cum quadrante post merīdiem.

→ _____

③ Decem minūta ante quīntam hōram ante merīdiem.

→ _____

10. 간단한 회화(2) Colloquium simplicis [콜로쿠이움 심플리치스]

- Gratias! 　　　　　　　　　　감사합니다!
  그라시아스

- Multas gratias! 　　　　　　대단히 감사합니다!
  물타스　그라시아스

- Libenter! 　　　　　　　　　별말씀을!('고맙다'는 말에 대한 답변)
  리벤테르

- Mē paenitet! 　　　　　　　죄송합니다!
  메　파에니테트

- Ignosce mihī! 　　　　　　　실례합니다!
  이그노스체　미히

- Sine! 　　　　　　　　　　　괜찮습니다!
  시네 　　　　　　　　　　　　('미안합니다'라는 말에 대한 답변)

- Sinite! 　　　　　　　　　　괜찮습니다!(복수에게 지칭)
  시니테

- Īdem! 　　　　　　　　　　　동의합니다!
  이뎀

- (Tē) obsecrō! 　　　　　　　부탁입니다!
  테　오브세크로

- Quid ita nōn? 　　　　　　　[긍정] 물론입니다(왜 안되겠어요?).
  쿠이드 이타　논

- Nempe! 　　　　　　　　　　[긍정] 물론입니다!
  넴페

- Numquam! 　　　　　　　　[부정] 절대 안됩니다!
  눔쿠암

- Rēcte! 　　　　　　　　　　　(아주) 좋습니다!('승인, 허가'를 표현할 때)
  렉테

- Bene est! 　　　　　　　　　좋습니다!('승인, 허가'를 표현할 때)
  베네 에스트

- Benignē! 　　　　　　　　　　　괜찮습니다!('제의'를 정중하게 거절할 때)
  베니그네

- Sīc est[= Ita est]! 　　　　　　옳습니다!
  식 에스트[= 이타 에스트]

- Probē dicis! 　　　　　　　　　당신이 옳습니다!
  프로베　디치스

- Bene sum(= Mihī bene est)! 　전 만족합니다!
  베네　숨 (＝ 미히　베네　에스트)

기억하기

① **Dīcō**(말하다) 동사의 현재형 변화(-ere형 동사 / 3활용동사).

	단수	복수
1인칭	dīcō	dicimus
2인칭	dīcis	dicitis
3인칭	dicit	dicunt

연습문제

1) 다음을 라틴어로 옮기시오.

① 별말씀을!('고맙다'는 말에 답변)　→ _____

② 괜찮습니다.('미안합니다'는 말에 답변)　→ _____

③ 미안합니다.　→ _____

④ 부탁입니다.　→ _____

⑤ 절대 안됩니다.　→ _____

⑥ 당신이 옳습니다.　→ _____

⑦ 전 만족합니다.　→ _____

11. 오늘은 무슨 요일입니까? Quī diēs de hebdomas est hodiernus diēs [쿠이 디에스 데 헵도마스 에스트 호디에르누스 디에스]

- Quī diēs est hodiernus de hebdomas diēs? 오늘은 무슨 요일입니까?
  쿠이 디에스 에스트 호디에르누스 데 헵도마스 디에스
- Lūnae est. 월요일입니다.
  루나에 에스트
- Mārtis est. 화요일입니다.
  마르티스 에스트
- Mercuriī est. 수요일입니다.
  메르쿠리이 에스트
- Iovis est. 목요일입니다.
  이오위스 에스트
- Veneris est. 금요일입니다.
  웨네리스 에스트
- Saturnī est. 토요일입니다.
  사투르니 에스트
- Dominica est. 일요일입니다.
  도미니카 에스트

① 요일의 형태가 월요일부터 금요일까지는 복수 형태를 띠고 있고, 토요일과 일요일은 단수 형태를 띠고 있는 것에 유의한다.
② '오늘'이 부사로 사용될 때는 'hodiē'로 쓰이는데, 명사로 사용될 때는 다음의 'hodiernus diēs'로 쓰인다.

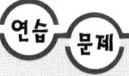

1) 다음을 라틴어로 옮기시오.

① 무슨 요일 → _____

② 오늘은 무슨 요일입니까? → _____

③ 월요일 → _____

④ 화요일 → _____

⑤ 수요일 → _____

⑥ 목요일 → _____

⑦ 금요일 → _____

⑧ 토요일 → _____

⑨ 일요일 → _____

12. 숫자(3) Numerus [누메루스]

- Centum   100
  첸툼
- Centum ūnus   101
  첸툼 우누스
  [= Centum et ūnus]
  [= 첸툼 엘 우누스]
- Centum ūndecim   111
  첸툼 운데침
- Dūcentī   200
  두첸티
- Dūcentī vigintī duo   222
  두첸티 위진티 두오
- Trēcentī   300
  트레첸티
- Trēcentī trīgintā trēs   333
  트레첸티 트리진타 트레스
- Quadringentī   400
  쿠아드린젠티
- Quadringentī   444
  쿠아드린젠티
  quadrāgintā quattuor
  쿠아드라진타 쿠앝투오르
- Quīngentī   500
  쿠인젠티
- Quīngentī   555
  쿠인젠티
  quīnquāgintā quīnque
  쿠인쿠아진타 쿠인쿠에

Sescentī   600
세스첸티

Sescentī sexāgintā sex   666
세스첸티 섹사진타 섹스

Septingentī   700
셉틴젠티

Septingentī septuāgintā septem   777
셉틴젠티 셉투아진타 셉템

Octingentī   800
옥틴젠티

Octingentī octōgintā octō   888
옥틴젠티 옥토진타 옥토

Nōngentī   900
논젠티

Nōngentī nōnāgintā novem   999
논젠티 노나진타 노웸

Mīlle   1,000
밀레

Mīlle nōngentī septuāgintā sex   1,976
밀레 논젠티 셉투아진타 섹스

Mīlle quadringentī nōnāgintā   1,492
밀레 쿠아드린젠티 노나진타
duo
두오

> ① 숫자 쓰기에서 백 단위 다음에 일 단위를 바로 쓸 때는 그냥 쓰거나, 또는 'et(그리고)'를 사이에 넣어도 된다.
> 예) 202 → Dūcentī duo
>   Dūcentī et duo
> ② 백 단위에서 200 ~ 900은 뒤에 명사가 남성, 여성, 중성이 붙는 것에 따라 그 어미형태가 바뀌며, 형태는 「-ī /-ae /-a」로 변한다. '100'은 변화하지 않는 불 변화사이다.
> 예) Quīngentōs mīlitēs 500명의 군인들을
>   Trēcentōrum cīvium 300명 시민들의
>   Centum mīlitibus 100명의 군인들에게

연습문제

1) 다음의 숫자를 라틴어로 옮겨보자.

① 103 → _____

② 227 → _____

③ 569 → _____

④ 745 → _____

⑤ 1,000 → _____

2) 다음 라틴어를 숫자로 옮겨보자.

① Trēcentī quīnquāgintā octō → _____

② Nōngentī octōgintā duo → _____

③ Quadringentī septuāgintā novem → _____

④ Mīlle nōngentī octōgintā novem → _____

⑤ Mīlle sescentī quīnque → _____

13. 나는 한국인이다. Egō sum Coreanus. [에고 숨 코레아누스]

- Egō sum Coreanus. 나는 한국인(남자)이다.
  에고 숨 코레아누스
- Egō sum Coreana. 나는 한국인(여자)이다.
  에고 숨 코레아나
- Tū es Hispanus. 너는 스페인사람(남자)이다.
  투 에스 히스파누스
- Tū es Hispana. 너는 스페인사람(여자)이다.
  투 에스 히스파나
- Is(= Ille) est Coreanus. 그는 한국사람이다.
  이스(=일레) 에스트 코레아누스
- Ea(= Illa) est Coreana. 그녀는 한국사람이다.
  에아(= 일라) 에스트 코레아나
- Is(= Ille) est Hispanus. 그는 스페인사람이다.
  이스(일레) 에스트 히스파누스
- Ea(= Illa) est Hispana. 그녀는 스페인사람이다.
  에아(= 일라) 에스트 히스파나

기억하기

① 나라의 국적을 나타내는 형용사는 주어가 남성일 때와 여성일 때 그 단수 어미의 형태를 다르게 사용한다. ~**us**(남성형)와 ~**a**(여성형)를 구분해 사용한다.

② 라틴어에서 주격 대명사는 특이한 경우가 아니라면, 생략하는 것이 좋다. 3인칭은 정확하게 구분을 필요로 하는 경우에 사용하는데, 인칭대명사가 별도로 있는 것이 아니라, 지시대명사를 가지고 사용한다는 것에 유의한다.

연습 문제

1) 다음을 라틴어로 옮기시오.

① 나는 한국인(여자)이다.

→ _____

② 그는 한국인이다.

→ _____

③ 너는 스페인(남자)사람이다.

→ _____

④ 그녀는 스페인사람이다.

→ _____

⑤ 나는 한국인(남자)이다.

→ _____

14. 우리는 한국인이다. Nōs sumus Coreanī. [노스 수무스 코레아니]

- Nōs sumus Coreanī. 우리는 한국사람(남자)들이다.
  노스   수무스   코레아니

- Nōs sumus Coreanae. 우리는 한국사람(여자)들이다.
  노스   수무스   코레아나에

- Vōs estis Hispanī. 너희들은 스페인사람(남자)들이다.
  우오스 에스티스 히스파니

- Vōs estis Hispanae. 너희들은 스페인사람(여자)들이다.
  우오스 에스티스 히스파나에

- Illī sunt Ītaliacī. 그들은 이탈리아 사람(남자)들이다.
  일리   순트   이탈리아치

- Illae sunt Ītaliacae. 그녀들은 이탈리아 사람(여자)들이다.
  일라에 순트 이탈리아카에

기억하기

① 나라의 국적을 나타내는 형용사는 주어가 남성일 때와 여성일 때 그 복수 어미의 형태를 다르게 사용한다. ~ī(남성형)와 ~ae(여성형)를 구분해 사용한다.

② 'Sum(~이다)동사'의 현재 복수 형태를 암기해야 한다.
  1인칭 복수 : Sumus
  2인칭 복수 : Estis
  3인칭 복수 : Sunt

③ 남성과 여성 복수를 나눠서 표현할 수 있는데, 만약 혼성이 되어서 동시에 표현을 할 때는 '남성'으로 표현한다.

연습문제

1) 다음을 라틴어로 옮기시오.

① 우리는 한국사람들(여자)이다.

　→ _____

② 너희들은 이탈리아사람들(여자)이다.

　→ _____

③ 우리는 스페인사람들(남자)이다.

　→ _____

④ 그들은 한국사람들이다.

　→ _____

⑤ 그녀들은 스페인 사람들이다.

　→ _____

15. 나는 집에 있다. Egō sum in domo. [에고 숨 인 도모]

- Ubī es tū?
  우비 에스 투

  당신은 어디에 있습니까?

- Egō sum in domo.
  에고 숨 인 도모

  나는 집에 있습니다.

- Ubī egō sum?
  우비 에고 숨

  나는 어디에 있는 거지?

- Tū es in schola.
  투 에스 인 스콜라

  너는 학교에 있잖아.

- Ubī ille est?
  우비 일레 에스트

  그는 어디에 있습니까?

- Ille est in casa.
  일레 에스트 인 카사

  그는 집에 있습니다.

- Ubī illa est?
  우비 일라 에스트

  그녀는 어디에 있습니까?

- Illa est in schola.
  일라 에스트 인 스콜라

  그녀는 학교에 있습니다.

- Sumne in casa?
  숨네 인 카사

  내가 집에 있습니까?

- Nōn, tū es in bibliothēca.
  논 투 에스 인 비블리오테카

  아뇨, 당신은 도서관에 있습니다.

기억하기

① 「전치사 + 명사」에서 명사는 목적격(대격)을 사용할 수도 있고, 탈격을 사용할 수도 있다. 전치사에 따라서 목적격만 오는 경우가 있고, 탈격만 오는 경우도 있지만, 둘다 오는 경우가 있다. 하지만, 의미가 다름으로 주의해야 한다.

**전치사 'in + 목적격'일 경우는 '안으로'의 의미를 가지며, 'in + 탈격'일 경우는 '~안에, ~가운데, 위에'의 의미를 가지게 된다.

  예) In oppidum 도시로(도시안으로); in multos annōs 수많은 세월[연도] 속으로.
   In vīta 삶의 한 가운데서; in equō 말 위에서.

② 「전치사 + 목적격」의 형태만을 가지는 전치사(1):
  • **ad**(~쪽으로, ~에게로, ~위하여).
   예) ad oppidum 도시 쪽으로.
  • **adversus**(~대항하여, ~향하여).
   예) adversus Galliam 프랑스(갈리아)에 대항하여.
  • **ante**(~앞에, ~앞에서, ~이전에).
   예) ante oculos 눈앞에서.
  • **apud**(~에 있어서, ~사이에, ~중에).
   예) apud populum 사람들 사이에서.

연습문제

1) 다음을 라틴어로 옮기시오.

① 당신은 어디에 있습니까? → _____

② 그는 집에 있습니다. → _____

③ 그녀는 도서관에 있습니다. → _____

④ 저는 학교에 있습니다. → _____

⑤ 너는 집에 있다. → _____

16. 그들은 어디에 있습니까? Ubī illī sunt? [우비 일리 순트]

- Ubī illī sunt?
  우비 일리 순트
  그들은 어디에 있습니까?

- Illī sunt in officina.
  일리 순트 인 옾피치나
  그들은 사무실에 있습니다.

- Ubī illae sunt?
  우비 일라에 순트
  그녀들은 어디에 있습니까?

- Illae sunt in bibliotheca.
  일라에 순트 인 비블리오테카
  그녀들은 도서관에 있습니다.

- Ubī vōs estis?
  우비 우오스 에스티스
  당신들은 어디에 있습니까?

- Nōs sumus in macello.
  노스 수무스 인 마첼로
  우리는 식료잡화점(가게)에 있습니다.

- Ubī nōs sumus?
  우비 노스 수무스
  우리는 어디에 있는 거죠?

- Vōs estis in autocineto.
  우오스 에스티스 인 아우토치네토
  너희들은 자동차 안에 있다.

- Sumusne in caupona?
  수무스네 인 카우포나
  우리가 음식점에 있습니까?

- Itā, vōs estis in caupona!
  이타 우오스 에스티스 인 카우포나
  맞아, 너희는 식당에 있어!

① 「전치사 + 목적격」의 형태만을 가지는 전치사(2):
- **circum; circā**(~주위에, ~가까이)
  예) circum forum 광장 가까이[= 주위에].
- **cis, citrā**(~편에, ~쪽에)
  예) cis lūdum 학교 쪽에.
- **contrā**(~에 대항하여, ~에 반대하여)
  예) contrā Coream 한국에 대항하여.
- **ergā**(~에 대하여, ~ 때문에)
  예) ergā patriam 조국 때문에.
- **extrā**(~밖에)
  예) extrā casam 집 밖에.

연습문제

1) 다음을 라틴어로 옮기시오.

① 그녀들은 어디에 있습니까? → _____

② 우리들은 사무실에 있습니다. → _____

③ 너희들은 가게에 있다. → _____

④ 그들은 자동차 안에 있다. → _____

⑤ 우리들은 식당에 있다. → _____

2) 다음을 한국어로 번역하시오.

① circum lūdum → _____

② cis forum → _____

③ erga patriam → _____

④ extra domum → _____

⑤ contra Hispanam → _____

17. 책은 어디에 있습니까? Ubī est liber? [우비 에스트 리베르]

• Ubī est liber?   책은 어디에 있습니까?
우비 에스트 리베르

• Liber est īnfrā mēnsam.   책은 책상의 아래에 있다.
리베르 에스트 인프라 멘삼

• Ubī est sella?   의자는 어디에 있습니까?
우비 에스트 셀라

• Sella est prope mēnsam.   의자는 책상의 가까이에 있습니다.
셀라 에스트 프로페 멘삼

• Ubī est saccus?   가방은 어디에 있습니까?
우비 에스트 삭쿠스

• Saccus est suprā lectum.   가방은 침대 위에 있습니다.
삭쿠스 에스트 수프라 렉툼

• Ubī est dictionarium?   사전은 어디에 있습니까?
우비 에스트 딕시오나리움

• Dictionarium est ob fenestram.   사전은 창문 앞에 있습니다.
딕시오나리움 에스트 옵 페네스트람

• Ubī est televisiō?   텔레비젼은 어디에 있습니까?
우비 에스트 텔레위시오

• Televisiō est inter   텔레비젼은 라디오와 문 사이에 있습니다.
텔레위시오 에스트 인테르

  radiophonum et portam.
    라디오포눔 엘 포르탐

• Ubī est tabula?   칠판은 어디에 있습니까?
우비 에스트 타불라

• Tabula est ante magistrum.   칠판은 선생님 앞에 있습니다.
타불라 에스트 안테 마지스트룸

• Ubī est schola?   학교는 어디에 있습니까?
우비 에스트 스콜라

• Schola est praeter viam.　　　　　학교는 길 건너에 있습니다.
　스콜라　에스트　프라에테르 위암

기억하기

① 「전치사 + 목적격」의 형태만을 가지는 전치사(3):
- **īnfrā** (~아래에)
  예) īnfrā caelum 하늘 아래에
- **prope** (~가까이에, ~근처에)
  예) prope oppidum 도시 가까이에
- **suprā** (~위에, ~넘어서)
  예) suprā modum 도를 넘어서
- **ob** (~앞에, ~ 때문에)
  예) ob oculos 눈앞에
- **inter** ⓐ **et** ⓑ (ⓐ 와 ⓑ 사이에)
  예) inter oppidum et vicum 도시와 시골 사이에
- **praeter** (~건너서, ~넘어서)
  예) praeter vicum 시골을 지나서

연습문제

1) 다음을 라틴어로 옮기시오.

① 의자는 어디에 있습니까? → _____

② 가방은 어디에 있습니까? → _____

③ 칠판은 어디에 있습니까? → _____

④ 학교는 어디에 있습니까? → _____

⑤ 사전은 어디에 있습니까? → _____

2) 다음을 한국어로 번역하시오..

① infra mēnsam → _____

② prope mēnsam → _____

③ supra lectum → _____

④ ob fenestram → _____

⑤ inter radiophonum et portam → _____

⑥ ante magistrum → _____

⑦ praeter viam → _____

18. 간단한 회화(3) Colloquium simplicis [콜로쿠이움 심플리치스]

- Quaesō!
  쿠아에소

  부탁입니다!

- Salūtātio!
  살루타시오

  환영합니다!

- Cūr nōn valēs?
  쿠르 논 우알레스

  어디 안좋으세요?(어디 불편하세요?)

- Aeger sum.
  아에제르 숨

  저는 아픕니다(남자가 대답).

- Aegra sum.
  아에그라 숨

  저는 아픕니다(여자가 대답).

- Fatīgātus sum.
  파티가투스 숨

  저는 피곤합니다(남자가 대답).

- Fatīgāta sum.
  파티가타 숨

  저는 피곤합니다(여자가 대답).

- Indignātus sum.
  인디그나투스 숨

  저는 기분이 안 좋습니다(남자가 대답).

- Indignāta sum.
  인디그나타 숨

  저는 기분이 안 좋습니다(여자가 대답).

- Quīs tū es?
  쿠이스 투 에스

  당신은 누구시죠?

- Mihī nōmen est Sanchus.
  미히 노멘 에스트 산쿠스

  제 이름은 산쿠스(산초)입니다.

- Suāve tē cognōscere est!
  수아우웨 테 코그노스체레 에스트

  당신을 알게되어 기쁩니다.

- Nēsciō.
  네스치오

  모르겠습니다.

- Nōn intellegō.
  논 인텔레고

  이해하지 못하겠습니다.

기억하기

① 라틴어에서 <u>주격 대명사는 생략하는 경우가 대부분</u>이다. 하지만, 강조하는 경우에는 사용을 한다.
　예) Quīs tū es? 당신은 누구시죠?

② 라틴어에서 <u>어순은 자유롭다</u>. 이유는 격에 따라 형태가 변하기 때문에 그 변화로 품사를 알아볼 수 있다.
　예) Aegra sum. 나(여자)는 아프다.
　　 = (Egō) sum aegra.

연습 문제

1) 다음을 라틴어로 옮기시오.

　① 부탁합니다.　　　　　→ _____
　② 어디 안 좋으세요?　　→ _____
　③ 저(男)는 피곤합니다.　→ _____
　④ 당신은 누구시죠?　　 → _____
　⑤ 모르겠습니다.　　　　→ _____
　⑥ 당신을 알게되어 기쁩니다. → _____

19. 오늘은 몇 일입니까?(1) Quī diēs de mēnsi est hodiernus diēs? [쿠이 디에스 데 멘시 에스트 호디에르누스 디에스]

- Quī diēs de mēnsi est hodiernus diēs?   오늘은 몇 일입니까?
  쿠이 디에스 데 멘시 에스트 호디에르누스 디에스
- Diē prīmi mensis Jānuārii est.   1월 1일입니다.
  디에 프리미 멘시스 이아누아리이 에스트
- Diē secundi mensis Februārii est.   2월 2일입니다.
  디에 세쿤디 멘시스 페브루아리이
- Diē tertii mensis Mārtii est.   3월 3일입니다.
  디에 테르티이 멘시스 마르티이 에스트
- Diē quīnti mensis Aprīlis est.   4월 5일입니다.
  디에 쿠인티 멘시스 아프릴리스 에스트
- Diē decimi mensis Maii est.   5월 10일입니다.
  디에 데치미 멘시스 마이이 에스트
- Diē quārti decimi mensis Jūnii est.   6월 14일입니다.
  디에 쿠아르티 데치미 멘시스 이우니이 에스트
- Diē sexti decimi mensis Jūlii est.   7월 16일입니다.
  디에 섹스티 데치미 멘시스 이울리이 에스트
- Diē ūndēvīcēsimi mensis Augusti est.   8월 19일입니다.
  디에 운데위체시미 멘시스 아우구스티 에스트
- Diē vīcēsimi secundi mensis Septemberi est.   9월 22일입니다.
  디에 위체시미 세쿤디 멘시스 셉템베리 에스트
- Diē vīcēsimi septimi mensis Octōberi est.   10월 27일입니다.
  디에 위체시미 셉티미 멘시스 옥토베리 에스트
- Diē vīcēsimi octāvi mensis Novemberi est.   11월 28일입니다.
  디에 위체시미 옥타위 멘시스 노우엠베리 에스트
- Diē trīcēsimi mensis Decemberi est.   12월 30일입니다.
  디에 트리체시미 멘시스 데쳄베리 에스트

- Diē ūndecimī mensis Jānuāriī est.   1월 11일입니다.
  디에 운데치미 멘시스 이아누아리이 에스트

- Diē ultimī mensis Decemberī est.   12월 말일입니다.
  디에 울티미 멘시스 데쳄베리 에스트

기억하기

① 18과의 날짜 표기는 **현대식 표현**이다. 원래 라틴어식 날짜 표기는 어렵다. 19과에서 알아보도록 한다.

② 날짜는 서수를 사용한다. 서수를 1~12까지 형용사 형태로 살펴보고 꼭 암기하도록 한다.

▶ 서수(1~12)

첫 번째	prīmus	일곱 번째	septimus
두 번째	secundus	여덟 번째	octāvus
세 번째	tertius	아홉 번째	nōnus
네 번째	quārtus	열 번째	decimus
다섯 번째	quīntus	열한 번째	ūndecimus
여섯 번째	sextus	열두 번째	duodecimus

③ 달(月)의 명칭도 암기하도록 한다.

- 1월 – Jānuārius
- 2월 – Februārius
- 3월 – Mārtius
- 4월 – Aprīlis
- 5월 – Maius
- 6월 – Jūnius
- 7월 – Jūlius
- 8월 – Augustus
- 9월 – September
- 10월 – Octōber
- 11월 – November
- 12월 – December

연습문제

1) 다음을 라틴어로 옮기시오.

① 오늘은 몇 일입니까? → _____

② 1월 → _____

③ 5월 → _____

④ 8월 → _____

⑤ 10월 → _____

⑥ 12월 → _____

⑦ 1일 → _____

⑧ 14일 → _____

2) 다음을 한국어로 번역하시오.

① Diē ūndēvīcēsimi mensis Augusti est.

→ _____

② Diē ūndecimimi mensis Jānuārii est.

→ _____

③ Diē ultimi mensis Novemberi est.

→ _____

④ Diē secundi mensis Aprīlis est.

→ _____

⑤ Diē trīcēsimi mensis Decemberi est.

→ _____

20. 오늘은 몇 일입니까?(2) Quī diēs de mēnsi est hodiernus diēs? [쿠이 디에스 데 멘시 에스트 호디에르누스 디에스]

- Quī diēs de mēnsi est hodiernus diēs?   오늘은 몇 일입니까?
  쿠이 디에스 데 멘시 에스트 호디에르누스 디에스

- Hodiē est Kalendae Jānuāriae   오늘은 1월 1일입니다.
  호디에 에스트 칼렌다에 이아누아리아에

- Hodiē est Nōnae Februāriae.   오늘은 2월 5일입니다.
  호디에 에스트 노나에 페브루아리아에

- Hodiē est Īdūs Aprīles.   오늘은 4월 13일이다.
  호디에 에스트 이두스 아프릴레스

- Prīdiē Kalendāe Jānuāriae est.   12월 31일이다.
  프리디에 칼렌다에 이아누아리아에 에스트

- Prīdiē Nōnae Februāriae est.   2월 4일입니다.
  프리디에 노나에 페브루아리아에 에스트

- Prīdiē Īdūs Aprīles est.   4월 12일입니다.
  프리디에 이두스 아프릴리스 에스트

- Postrīdiē Kalendāe Jānuāriae est.   1월 2일이다.
  포스트리디에 칼렌다에 이아누아리아에 에스트

- Postrīdiē Nōnae Februāriae est.   2월 6일입니다.
  포스트리디에 노나에 페브루아리아에 에스트

- Postrīdiē Īdūs Aprīles est.   4월 14일입니다.
  포스트리디에 이두스 아프릴레스 에스트

- Diēs tertius ante Kalendāe Jānuāriae est.   12월 29일이다.
  디에스 테르시우 안테 칼렌다에 이아누아리아에 이스트

- Diēs tertius ante Nōnae Februāriae est.   2월 2일입니다.
  디에스 테르시우스 안테 노나에 페브루아리아에 에스트

- Diēs tertius ante Īdūs Aprīles est.   4월 10일입니다.
  디에스 테르시우스 안테 이두스 아프릴레스 이스트

- Ante diēm tertium Kalendāe Jānuāriae est.　　12월 29일이다.
  안테　디엠　테르시움　칼렌다에　이아누아리아에 에스트

- Ante diēm tertium Nōnae Februāriae est.　　2월 2일입니다.
  안테　디엠　테르시움　노나에　페브루아리아에 에스트

- Ante diēm tertium Īdūs Aprīles est.　　4월 10일입니다.
  안테　디엠　테르시움　이두스 아프릴레스 에스트

> **기억하기**
> ① 19과의 날짜 말하기는 <u>과거의 라틴어 날짜 사용방식</u>이다. 이 방식이 어려운 계산법이기 때문에 현대에 와서는 일반 외국어의 사용방식처럼 사용한다(18과 참조).
> ② 날짜는 무조건 '**Kalendae**(1일), **Nōnae**(5일), **Īdūs**(13일)'을 기준으로 '전날(**Prīdiē**)과 다음날(**Postrīdiē**), 그리고 몇 일전(**ante diēm** + 목적격 서수; **diēs** 형용사격 서수 + **ante**)으로 계산해서 날짜를 기입한다. ▶ 단, 이 날짜의 3가지 기준은 1, 2, 4, 6, 8, 9, 11, 12월에 해당한다.
> ③ 달과 날짜는 여성 복수형 형용사형태를 가진다.
>   • ~us (단수 남성) → ~ae (복수 여성)
>   • ~er (단수 남성) → ~res (복수 여성)
>   • 자음 + is (단수 남성) → ~es (복수 여성)

연습문제

1) 다음 질문에 답하시오.

① 과거에 날짜를 '1일, 5일, 13일'을 기준으로 표현하는 달은 언제인가?

→ _____

② '전날'을 라틴어로 쓰시오. → _____

③ '다음날'을 라틴어로 쓰시오. → _____

④ '1일'을 과거 라틴어식으로 쓰시오. → _____

⑤ '5일'을 과거 라틴어식으로 쓰시오. → _____

⑥ '13일'을 과거 라틴어식으로 쓰시오. → _____

2) 다음을 한국어로 번역하시오.

① Pridiē Nōnae Februāriae est.

→ _____

② Postrīdiē Īdūs Aprīles est.

→ _____

③ Ante diēm tertium Kalendāe Jānuāriae est.

→ _____

④ Ante diēm tertium Īdūs Aprīles est.

→ _____

⑤ Ante diēm secundum Īdūs Jānuāriae est.

→ _____

21. 오늘은 몇 일입니까?(3) Quī diēs de mēnsi est hodiernus diēs? [쿠이 디에스 데 멘시 에스트 호디에르누스 디에스]

• Hodiē est Kalendae Mārtiae.	오늘은 3월 1일입니다.
• Hodiē est Nōnae Maiae.	오늘은 5월 7일입니다.
• Hodiē est Īdūs Jūliae.	오늘은 7월 15일이다.
• Prīdiē Kalendāe Maiae est.	4월 30일이다.
• Prīdiē Nōnae Jūliae est.	7월 6일입니다.
• Prīdiē Īdūs Octōbres est.	10월 14일입니다.
• Postrīdiē Kalendāe Maiae est.	5월 2일이다.
• Postrīdiē Nōnae Jūliae est.	7월 8일입니다.
• Postrīdiē Īdūs Octōbres est.	10월 18일입니다.
• Diēs tertius ante Kalendāe Maiae est.	4월 28일이다.
• Diēs tertius ante Nōnae Jūliae est.	7월 4일입니다.
• Diēs tertius ante Īdūs Octōbres est.	10월 12일입니다.
• Ante diēm tertium Kalendāe Maiae est.	4월 28일이다.
• Ante diēm tertium Nōnae Jūliae est.	7월 4일입니다.
• Ante diēm tertium Īdūs Octōbres est.	10월 12일입니다.

① 3, 5, 7, 10월에서는 날짜의 기준이 바뀌는데, 'Kalendae(1일)'은 동일하며, 'Nōnae(7일), Īdūs(15일)'만은 원래와 틀리다. 앞의 날짜를 기준으로 '전날(Prīdiē)과 다음날(Postrīdiē), 그리고 몇 일전(ante diēm + 목적격 서수; diēs 형용사격 서수+ante)으로 계산해서 날짜를 기입한다.

1) 다음 질문에 답하시오.

① 과거에 날짜를 '1일, 7일, 15일'을 기준으로 표현하는 달은 언제인가?

→ _____

② '오늘은 3월 7일이다'를 라틴어로 쓰시오.

→ _____

③ '오늘은 7월 1일이다'를 라틴어로 쓰시오.

→ _____

④ '10월 14일이다'를 라틴어로 쓰시오.

→ _____

⑤ '4월 28일이다'를 라틴어로 쓰시오.

→ _____

22. 숫자(4) Numerus [누메루스]

- mīlle   1,000
- duo mīlia   2,000
- tria mīlia   3,000
- quattuor mīlia   4,000
- quīnque mīlia   5,000
- sex mīlia   6,000
- septem mīlia   7,000
- octō mīlia   8,000
- novem mīlia   9,000
- decem mīlia   10,000
- centum mīlia   100,000
- deciēs centēna mīlia   1,000,000
- billio   1,000,000,000

① 1000(천) mīlle는 불변화 형용사이지만 불 변화 중성명사로도 취급한다. 2,000(이천) duo mīlia부터는 중성명사가 된다.

예) Mīlle discipuli 천명의 학생들이
　　Duo mīlia discipuli 2천명의 학생들이
　　Cum duōbus mīlibus viros 2천명의 남자들과 함께

연습문제

1) 다음을 라틴어로 쓰시오.

① 2,000 → _____

② 9,000 → _____

③ 10,000 → _____

④ 100,000 → _____

⑤ 1,000,000 → _____

⑥ 1,000,000,000 → _____

23. 넌 어디로 가니? Quō tū īs? [쿠오 투 이스]

• Quō tū īs?	넌 어디로 가니?
• Ego eō ad lūdum.	난 학교로 간다.
• Quō egō eō?	전 어디로 가는 거죠?
• Tū es ad oppidum.	넌 도시로 간다.
• Quō ille it?	그는 어디로 갑니까?
• Ille it ad casam.	그는 집으로 갑니다.
• Quō illa it?	그녀는 어디로 갑니까?
• Illa it ad silvam.	그녀는 숲으로 갑니다.
• Itne ad Sinam?	그는 중국으로 가나요?
• Nōn, ille it ad Japonum.	아뇨, 그는 일본으로 갑니다.

기억하기

① 'eō(가다)' 동사 변화형 암기하기.

	단수	복수
1인칭	eō	īmus
2인칭	īs	ītis
3인칭	it	eunt

② '-eō 동사'가 전치사와 합성이 되어 생긴 단어(변화형은 ①과 동일).
- ab-eō : 떠나가다
- ex-eō : 떠나가다
- inter-eō : 망하다
- prod-eō : 나아가다
- trans-eō : 통과하다
- ad-eō : 가까이 가다
- in-eō : 들어오다
- ob-eō : 죽다
- red-eō : 돌아오다

연습 문제

1) 다음을 라틴어로 쓰시오.

① 어디로 → _____

② 넌 어디로 가니? → _____

③ 그녀는 어디로 가니? → _____

④ 그는 숲으로 간다. → _____

⑤ 나는 학교로 간다. → _____

2) 다음 빈칸을 채우시오.

▶ Eō 동사의 현재 변화형.

	단 수	복 수
1인칭	eō	③
2인칭	①	④
3인칭	②	eunt

① → _____

② → _____

③ → _____

④ → _____

24. 너희들은 어디에 가니? Quō vōs ītis? [쿠오 워스 이티스]

- Quō vōs ītis? 너희들은 어디에 가니?
- Nōs īmus ad ecclēsiam. 우리는 성당에 간다.
- Quō nōs īmus? 우리는 어디로 가는 거죠?
- Vōs ītis ad villam. 너희들은 별장으로 간다.
- Quō illī eunt? 그들은 어디로 갑니까?
- Illī eunt ad hortum. 그들은 정원으로 갑니다.
- Quō illae eunt? 그녀들은 어디로 갑니까?
- Illae eunt ad sēminārium. 그녀들은 신학 학교로 갑니다.

정리하기

① 23 · 24과 **장소 단어** 정리(주격으로)
- Lūdus 학교(= Schola)
- Oppidum 도시(↔vicus 시골)
- Casa 집(= domus)
- Silva 숲
- Sina 중국
- Japonia 일본
- Ecclēsia 성당
- Villa 별장
- Hortus 정원
- Sēminārium 신학 학교

연습 문제

1) 다음을 라틴어로 옮기시오.

① 우리는 학교에 간다.

→ _____

② 너희들은 정원으로 간다.

→ _____

③ 그들은 신학 학교로 간다.

→ _____

④ 그녀들은 별장으로 간다.

→ _____

⑤ 우리는 스페인으로 간다.

→ _____

25. 당신은 어느 나라 사람입니까? Unde tū es? [운데 투 에스]

• Unde tū es?	당신은 어느 나라 사람입니까?
• Egō sum Coreanus.	저는 한국사람(남자)입니다.
• Egō sum Coreana.	저는 한국사람(여자)입니다.
• Unde ille est?	그는 어느 나라 사람입니까?
• Ille est Hispanus.	그는 스페인 사람입니다.
• Unde illa est?	그녀는 어느 나라 사람입니까?
• Illa est Ītaliana.	그녀는 이탈리아 사람입니다.
• Egō sum Sinicus.	나는 중국 사람(남자)이다.
• Tū es Sinica.	너는 중국 사람(여자)이다.
• Ille est Japonius.	그는 일본 사람이다.
• Illa est Japonia.	그녀는 일본 사람이다.
• Egō sum Gallicus.	나는 프랑스 사람(남자)이다.
• Tū es Gallica.	너는 프랑스 사람(여자)이다.
• Ille est Germānus.	그는 독일 사람이다.
• Illa est Germāna.	그녀는 독일 사람이다.
• Egō sum Anglicus.	나는 영국 사람(남자)이다.
• Tū es Anglica.	너는 영국 사람(여자)이다.

기억하기

① 「Unde tū es?」는 '어느 나라 사람입니까?'의 의미보다는 '어디 출신입니까?'가 더 적합한 의미이다. 그리고, 의문대명사 'Unde 어디에서(출발점)'는 부사의 역할을 하고 있기 때문에 전치사를 쓸 필요가 없다.

② 국명 형용사 암기(남성형/여성형).

한국	Coreanus/Coreana
스페인	Hispanus/Hispana
이탈리아	Ītalius/Ītalia
프랑스	Gallicus/Gallica
독일	Germānus/Germāna
중국	Sinicus/Sinica
일본	Japonius/Japonia
영국	Anglicus/Anglica

연습 문제

1) 다음을 라틴어로 옮기시오.

① 어디(출신) → _____

② 당신은 어느 나라 사람입니까? → _____

③ 그는 한국 사람이다. → _____

④ 그녀는 일본 사람이다. → _____

⑤ 너(女는) 중국 사람이다. → _____

2) 다음을 한국어로 번역하시오.

① Unde vōs estis? → _____

② Nōs sumus Italianī. → _____

③ Illae sunt Japoniae. → _____

④ Vōs estis Hispanae. → _____

⑤ Illī sunt Gallicī. → _____

26. 친구가 온다. Amīcus venit. [아미쿠스 웨니트]

- Egō veniō.　　　　　　　　　　내가 온다.
- Tū venīs.　　　　　　　　　　　네가 온다.
- Ille venit.　　　　　　　　　　　그가 온다.
- Illa venit.　　　　　　　　　　　그녀가 온다.
- Nōs venīmus.　　　　　　　　　우리가 온다.
- Vōs venītis.　　　　　　　　　　너희들이 온다.
- Illī veniunt.　　　　　　　　　　그들이 온다.
- Illae veniunt.　　　　　　　　　그녀들이 온다.
- Amīcus venit in casam.　　　　친구(男)가 집으로 온다.
- Amīca venit in lūdum.　　　　친구(女)가 학교로 온다.

가르치기

① 'veniō(오다)' 동사 변화형 암기하기→ 4활용 동사(-ire)임.

	단수	복수
1인칭	veniō	venīmus
2인칭	venīs	venītis
3인칭	venit	veniunt

② <u>4활용 동사</u>란? 동사의 현재·부정사 어미가 '~ire'로 끝나는 동사를 말함. 변화형은 위 ①의 형태와 같다.

　※ '-veniō 동사'가 전치사와 합성이 되어 생긴 단어
　- ad-veniō : 도착하다　　　- con-veniō : 모이다
　- in-veniō : 찾다

③ 'in + 목적격 명사'는 '~안에; ~안으로'라는 의미를 가지고 있다.
　예) In casam 집(안)으로
　※ 'in + 탈격 명사'는 '~가운데에; ~위에'라는 의미를 가진다.
　　예) In equō 말 위에서

연습문제

1) 다음을 라틴어로 옮기시오.

① 내가 온다. → _____

② 네가 온다. → _____

③ 그녀가 온다. → _____

④ 친구(男)가 온다. → _____

⑤ 친구(女)가 학교로 온다. → _____

2) 다음 빈칸을 채우시오.

▶ veniō 동사의 현재 변화형.

	단 수	복 수
1인칭	veniō	③
2인칭	①	④
3인칭	②	veniunt

① → _____

② → _____

③ → _____

④ → _____

27. 당신은 어디에서 오십니까? Unde tū venīs? [운데 투 웨니스]

- Unde tū venīs?   당신은 어디에서 오십니까?
- Egō veniō a lūdo.   저는 학교로부터 옵니다.
- Unde vōs venītis?   너희들은 어디에서 오니?
- Nōs venīmus a Seoul.   우리는 서울에서 옵니다.
- Unde ille venit?   그는 어디에서 옵니까?
- Ille venit ab oppido.   그는 도시에서 옵니다.
- Unde illa venit?   그녀는 어디에서 옵니까?
- Illa venit a casa.   그녀는 집에서 옵니다.
- Nōs venīmus a bibliothēca.   우리는 도서관에서 온다.
- Unde illī veniunt?   그들은 어디에서 옵니까?
- Illī veniunt ab horto.   그들은 정원에서 옵니다.
- Unde illae veniunt?   그녀들은 어디에서 옵니까?

기억하기

① 「**a 또는 ab** + **탈격 명사**」 : [장소] ~로부터, ~에서, ~편에
  ▶ 자음 명사 앞에서는 **a**, 모음 명사 또는 **h**로 시작하는 명사 앞에서는 **ab**를 사용.
  예) ab oppido 도시에서(로부터)
    a Busan ad Seoul 부산으로부터 서울까지
    a dextra 오른쪽편에
    a sinistra 왼쪽편에

연습문제

1) 다음을 라틴어로 옮기시오.

① 저는 학교로부터 옵니다.

→ _____

② 그녀는 정원에서 옵니다.

→ _____

③ 너는 도시에서 온다.

→ _____

④ 그녀들은 도서관에서 옵니다.

→ _____

⑤ 우리들은 인천에서 옵니다.

→ _____

28. 어디에 나의 책이 있습니까?
Ubī est liber meus? [우비 에스트 리베르 메우스]

• Ubī est liber meus?	어디에 나의 책이 있습니까?
• Liber tuus est in mēnsa.	너의 책은 책상 위에 있다.
• Ubī est libellus tuus?	너의 공책은 어디에 있니?
• Libellus meus est in mēnsa.	나의 공책은 책상 안에 있다.
• Ubī est rosa mea?	나의 장미는 어디에 있니?
• Rosa tua est in horto.	너의 장미는 정원에 있다.
• Ubī est rosa tua?	너의 장미는 어디에 있니?
• Rosa mea est extra hortum.	나의 장미는 정원 밖에 있다.
• Ubī est saccus eius?	그(녀)의 가방은 어디에 있습니까?
• Saccus eius est in lecto.	그(녀)의 가방은 침대 위에 있다.

외워보기

① **소유격 단수형** 암기하기(**단수 명사 수식**할 때).

	남성	여성	중성
1인칭	meus	mea	meum
2인칭	tuus	tua	tuum
3인칭	eius	eius	eius

▶ 3인칭은 소유격만을 가지고 성(性)을 구분할 수 없다. 라틴어에서 3인칭 소유격은 원래 없고, 지시대명사 is, ea, id의 속격을 가지고 사용한다.
예) Pāter eius 그(녀)의 아버지

▶ 3인칭 재귀 소유격

	남성	여성	중성
3인칭	suus	sua	suum

예) Pāter suus 그 자신의 아버지
　　Māter sua 그 자신의 어머니

연습 문제

1) 다음을 '주격형' 라틴어로 옮기시오.

　① 나의 책　　→ _____

　② 나의 장미　→ _____

　③ 너의 책　　→ _____

　④ 너의 장미　→ _____

　⑤ 그(녀)의 책　→ _____

　⑥ 그(녀)의 장미 → _____

2) 다음 빈칸을 채우시오.

▶ 소유격 단수 변화형.

	남 성	여 성	중 성
1인칭	meus	③	⑤
2인칭	①	④	tuum
3인칭	②	eius	⑥

① → _____

② → _____

③ → _____

④ → _____

⑤ → _____

⑥ → _____

29. 어디에 우리의 책이 있습니까?
Ubī est liber noster? [우비 에스트 리베르 노스테르]

- Ubī est liber noster?   어디에 우리의 책이 있습니까?
- Liber vester est in mēnsa.   우리의 책은 책상 위에 있습니다.
- Ubī sunt saccī vestrī?   너희들의 가방들은 어디에 있니?
- Saccī nostrī sunt in lecto.   우리들의 가방들이 침대 위에 있다.
- Ubī sunt rosae vestrae?   너희들의 장미들은 어디에 있니?
- Rosae nostrae sunt in horto.   우리들의 장미들은 정원에 있다.
- Ubī sunt librī eōrum?   그들의 책들은 어디에 있니?
- Librī eōrum sunt in mēnsa.   그들이 책들은 책상 안에 있다.

기억하기

① <u>소유격 복수형</u> 암기하기(<u>단수 명사 수식</u>할 때).

	남성	여성	중성
1인칭	noster	nostra	nostrum
2인칭	vester	vestra	vestrum
3인칭	eōrum	eōrum	eōrum

② <u>소유격 단수형</u> 암기하기(<u>복수 명사 수식</u>할 때).

	남성	여성	중성
1인칭	meī	mea	mea
2인칭	tuī	tuae	tua
3인칭	eius	eius	eius

③ <u>소유격 복수형</u> 암기하기(<u>복수 명사 수식</u>할 때).

	남성	여성	중성
1인칭	nostrī	nostrae	nostra
2인칭	vestrī	vestrae	vestra
3인칭	eōrum	eōrum	eōrum

연습문제

1) 다음을 '주격형' 라틴어로 옮기시오.

   ① 우리의 책   → _____

   ② 우리의 장미 → _____

   ③ 너희들의 책 → _____

   ④ 너희들의 장미 → _____

   ⑤ 그(녀)들의 책 → _____

   ⑥ 그(녀)들의 장미 → _____

2) 다음 빈칸을 채우시오.

   ▶ 소유격 복수 변화형.

	남 성	여 성	중 성
1인칭	noster	③	⑤
2인칭	①	④	vestrum
3인칭	②	eōrum	⑥

   ① → _____

   ② → _____

   ③ → _____

   ④ → _____

   ⑤ → _____

   ⑥ → _____

30. 나는 라틴어를 말합니다.
Egō Latine loquor. [에고 라티네 로쿠오르]

• Egō Latine loquor	나는 라틴어를[로] 말한다.
• Tū Hispanice lōqueris.	너는 스페인어를[로] 말한다.
• Ille Coreane lōquitur.	그는 한국어를[로] 말한다.
• Illa Ītaliace lōquitur.	그녀는 이탈리아어를[로] 말한다.
• Nōs Anglice lōquimur.	우리는 영어를[로] 말한다.
• Vōs Germānice loquīmini.	너희들은 독일어를[로] 말한다.
• Illī Sinice loqūuntur.	그들은 중국어를[로] 말한다.
• Illae Japonice loqūuntur.	그녀들은 일본어를[로] 말한다.
• Alumnī Gallice loqūuntur.	학생들은 프랑스어를 말한다.

---

① 언어 명은 부사로 사용을 한다. 해석을 정확히 하는 법은 '~언어로'라고 해야 한다.
▶ 부사를 만드는 방법.
(a) 제 1, 2변화 형용사에서 그 원급의 어간(단수 속격에서 어미 ~i를 뺀 남은 부분)에 '~e'를 붙인다.
예) vērus 참된 → vērē 정말로
Hispanicus 스페인의 → Hispanice 스페인어로

(b) 제 3변화 형용사에서 그 어간(단수 속격에서 어미 ~is를 뺀 남은 부분)에 '~iter'를 붙인다.
예) acer 예리한 → acriter 예리하게

(c) 형용사의 '중성·단수·목적격' 또는 '단수·탈격'이 부사로서 사용된다.
예) multus 많은 → multum 많게
facilis 쉬운 → facile 쉽게

② 탈형동사 제 3활용 : loquī(말하다)
  　　　　단수　　　　복수
  1인칭　　loquor　　　lōquimur
  2인칭　　lōqueris　　loquīmini
  3인칭　　lōquitur　　loqūuntur

연습 문제

1) 다음을 라틴어로 옮기시오.

　① 나는 라틴어를 말한다. → _____

　② 너는 라틴어를 말한다. → _____

　③ 그녀는 라틴어를 말한다. → _____

　④ 우리들은 영어를 말한다. → _____

　⑤ 너희들은 영어를 말한다. → _____

　⑥ 그들은 영어를 말한다. → _____

2) 다음을 한국어로 번역하시오.

　① Hispanice → _____

　② Germānice → _____

　③ Gallice → _____

　④ Sinice → _____

　⑤ Japonice → _____

31. 나는 빵을 먹는다. Egō edō pānem. [에고 에도 파넴]

- Quid tū edis?   너는 무엇을 먹니?
- Egō edō pānem.   저는 빵을 먹습니다.
- Edisne cāseum?   너는 치즈를 먹니?
- Ita, egō edō cāseum.   네, 저는 치즈를 먹습니다.
- Quid ille edit?   그는 무엇을 먹습니까?
- Ille edit crūstulum.   그는 과자를 먹습니다.
- Quid illa edit?   그녀는 무엇을 먹습니까?
- Illa edit mālum.   그녀는 사과를 먹습니다.
- Quid vōs editis?   너희들은 무엇을 먹니?
- Nōs edimus arienam.   우리는 바나나를 먹습니다.
- Quid nōs edimus?   우리는 무엇을 먹습니까?
- Vōs editis ūvam.   너희들은 포도를 먹는다.
- Quid illī edunt?   그들은 무엇을 먹습니까?
- Illī edunt persicum.   그들은 복숭아를 먹습니다.
- Quid illae edunt?   그녀들은 무엇을 먹습니까?
- Illae edunt pirum.   그들은 배를 먹습니다.

기억하기

① '**edō**(먹다)' 3변화 동사의 현재형 변화 암기하기.

	단수	복수
1인칭	edō	edimus
2인칭	edis	editis
3인칭	edit	edunt

② 음식이름은 모두 대격(목적격)으로 사용되었다.
<u>29 과 명사 정리</u>(목적격으로).

- Cibum(음식)
  - Pānem 빵
  - Cāseum 치즈
  - Crūstulum 과자

- Frūctum(과일)
  - Mālum 사과
  - Pirum 배
  - Arienam 바나나
  - Persicum 복숭아
  - Ūvam 포도

연습 문제

1) 다음을 라틴어로 옮기시오.

① 나는 빵을 먹는다. → _____

② 너는 빵을 먹는다. → _____

③ 그녀는 빵을 먹는다. → _____

④ 우리는 치즈를 먹는다. → _____

⑤ 너희들은 치즈를 먹는다. → _____

⑥ 그들은 치즈를 먹는다. → _____

2) 다음을 한국어로 번역하시오.

① Illae edunt uvam.

→ _____

② Vōs editis pirum.

→ _____

③ Nōs edimus crustulum.

→ _____

④ Illī edunt arienam.

→ _____

⑤ Tū edis malum.

→ _____

32. 나는 한국에서 산다. Egō incolō Coream. [에고 인콜로 코레암]

- Quam nātiōnem tū incolis?   너는 어느 나라에서 살고 있니?
- Ego incolō Coream.   저는 한국에서 삽니다.
- Quam civitatem tū incolis?   너는 어느 도시에서 살고 있니?
- Ego incolō *Seoul.   저는 *서울에서 살고 있습니다.
- Quam nātiōnem ille incolit?   그는 어느 나라에서 살고 있습니까?
- Ille incolit Hispanum.   그는 스페인에서 살고 있습니다.
- Quam civitatem illa incolit?   그녀는 어느 도시에서 살고 있습니까?
- Illa incolit *Busan.   그녀는 *부산에서 살고 있습니다.
- Quod oppidum vōs incolitis?   너희들은 어디에 살고 있니?
- Nōs incolimus *Yongin.   우리는 용인에서 살고 있습니다.

기억하기

① 'incolō(~에 살다)' 3변화 동사의 현재형 변화 암기하기.

	단수	복수
1인칭	incolō	incolimus
2인칭	incolis	incolitis
3인칭	incolit	incolunt

※ **incolō 동사는 타동사이다. 그럼으로 장소를 목적격(대격)으로 사용**해야 한다.
다른 외국어에서 자동사이기 때문에 '전치사＋장소명사'를 사용하는 것과 혼동해서는 안된다.

② '*Seoul(서울)'과 같은 외국어 고유 지명은 그대로 명기하였음.

연습문제

1) 다음을 읽고 라틴어로 옮기시오.

① 어디의 → _____

② 너는 어느 나라에서 살고 있니?

→ _____

③ 그는 어느 도시에서 살고 있니?

→ _____

④ 너희들은 어디(도시)에 살고 있니?

→ _____

⑤ 나는 부산에서 살고 있다.

→ _____

2) 다음 빈칸을 채우시오.

▶ incolō 동사의 현재 변화형.

	단 수	복 수
1인칭	incolō	③
2인칭	①	incolitis
3인칭	②	④

① → _____

② → _____

③ → _____

④ → _____

33. 나의 가족 Familia mea [파밀리아 메아]

- Pāter meus   나의 아버지
- Māter mea   나의 어머니
- Parentes meī   나의 부모님들
- Fīlius tuus   너의 아들
- Fīliī tuī   너의 아들들; 너의 자식들
- Fīlia tua   너의 딸
- Fīlae tuae   너의 딸들
- Avus noster   우리의 할아버지
- Avia nostra   우리의 할머니
- Avii vestrī   너희들의 조부모님들(할머니, 할아버지)
- Nepōs vester   너희들의 손자; 조카
- Nepotes vestrī   너희들의 손자들
- Nepotes vestrae   너희들의 손녀(들)
- Frāter meus   나의 형제
- Frateres meī   나의 형제들
- Soror mea   나의 자매
- Sorores meae   나의 자매들
- Socer eius   그(녀)의 장인, 시아버지
- Socerī eius   그(녀)의 장인·장모님; 시아버지·시어머님

- Patruēlis eōrum 그(녀)들의 사촌형제

- Patrueles eōrum 그(녀)들의 사촌형제들

- Gener meus 나의 사위

- Nurus mea 나의 며느리

- Patruus tuus 너의 삼촌

- Propinquus tuus 너의 친척

- Propinqui tuī 너의 친척들

① 소유격 암기하기. ▶ 26·27과 참조.

② '가족 Familia'을 의미하는 어휘 정리.
- Pāter 아버지
- Māter 어머니
- Parentes 부모님들
- Fīlius 아들
- Fīliī 아들들; 자식들
- Fīlia 딸
- Fīliae 딸들
- Avus 할아버지
- Avia 할머니
- Avī 조부모님들(할머니, 할아버지)
- Nepōs 손자; 조카
- Nepōtis 손자들
- Neptis 손녀(들)
- Frāter 형제
- Frātris 형제들
- Soror 자매
- Sorōris 자매들
- Socer 장인, 시아버지
- Socerī 장인·장모님; 시아버지·시어머님
- Patruēlis 사촌형제
- Patruēlum 사촌형제들
- Gener 사위
- Nurus 며느리
- Patruus 삼촌
- Propinqui 친척
- Propinquōrum 친척들

1) 다음을 '주격형' 라틴어로 옮기시오.

① 어머니 →

② 부모님 →

③ 할아버지 →

④ 형제 →

⑤ (여) 사촌 →

⑥ (남) 조카 →

⑦ 친척 →

2) 다음을 한국어로 번역하시오.

① filiī →

② avi →

③ sororis →

④ gener →

⑤ nurus →

⑥ propinquorum →

34. 당신은 무엇을 가지고 있습니까?
Quid tū habēs? [쿠이드 투 하베스]

• Quid tū habēs?	너는 무엇을 가지고 있니?
• Egō habeō librum.	나는 책을 가지고 있다.
• Quid egō habeō?	제가 무엇을 가지고 있습니까?
• Tū habēs pilam.	너는 공을 가지고 있다.
• Quid ille habet?	그는 무엇을 가지고 있습니까?
• Ille habet tālum.	그는 주사위를 가지고 있습니다.
• Quid illa habet?	그녀는 무엇을 가지고 있습니까?
• Illa habet chartam.	그녀는 편지를 가지고 있습니다.
• Quid nōs habēmus?	우리가 무엇을 가지고 있습니까?
• Vōs habētis rosās.	너희들은 장미들을 가지고 있다.
• Quid vōs habētis?	너희들은 무엇을 가지고 있니?
• Nōs habēmus heliotropia.	우리들은 해바라기들을 가지고 있습니다.
• Quid illī habent?	그들은 무엇을 가지고 있습니까?
• Illī habent aurum.	그들은 금을 가지고 있습니다.
• Quid illae habent?	그녀들은 무엇을 가지고 있습니까?
• Illae habent argentum.	그녀들은 은을 가지고 있습니다.

기억하기

① 'habeō(가지다, 소유하다)' 2변화 동사의 현재형 변화 암기하기.

	단수	복수
1인칭	habeō	habēmus
2인칭	habēs	habētis
3인칭	habet	habent

② 단어 정리(목적격[대격] 단수형)
- librum 책
- tālum 주사위
- rosam 장미
- aurum 금
- pilam 공
- chartam 편지
- heliotropium 해바라기
- argentum 은

연습 문제

1) 다음을 라틴어로 옮기시오.

① 무엇을 → _____

② 너는 무엇을 가지고 있니? → _____

③ 그녀는 무엇을 가지고 있지? → _____

④ 너희들은 무엇을 가지고 있니? → _____

⑤ 그들은 무엇을 가지고 있니? → _____

2) 다음을 한국어로 번역하시오.

① Egō habeō rosam. → _____

② Ille habet chartam. → _____

③ Nōs habēmus talum. → _____

④ Illae habent aurum. → _____

⑤ Egō habeō argentum. → _____

35. 당신은 얼마의 돈을 가지고 있습니까?
Quantam pecuniam tū habēs? [쿠안탐 페쿠니암 투 하베스]

• Quantam pecuniam tū habēs?	당신은 얼마의 돈을 가지고 있습니까?
• Egō habeō dollāros vīgintī.	저는 20달러를 가지고 있습니다.
• Quantam pecuniam ille habet?	그는 얼마를 가지고 있습니까?
• Ille habet dollāros trīgintā.	그는 30달러를 가지고 있습니다.
• Quantam pecuniam illa habet?	그녀는 얼마를 가지고 있습니까?
• Illa nihil habet.	그녀는 어느 것도 가지고 있지 않다.
• Quantam pecuniam vōs habētis?	너희들은 얼마를 가지고 있니?
• Nōs nōn habēmus pecuniam.	우리는 돈을 가지고 있지 않습니다.
• Nōs nōn habēmus nullam pecuniam.	우리는 엄청난 돈을 가지고 있습니다.
• Quantam pecuniam illī habent?	그들은 얼마를 가지고 있습니까?
• Illī habent euroos centum.	그들은 100 유로를 가지고 있습니다.
• Quantam pecuniam illae habent?	그녀들은 얼마를 가지고 있습니까?
• Illae habent euroos mīlle.	그녀들은 천 유로를 가지고 있습니다.

> ① 부정대명사 '**nihil(아무것도 ~하지 않다)**'은 주격과 목적[대]격만 존재한다. 사물에 사용을 한다.
> 예) Nihil perpetuum sub sōle. 태양 아래 아무것도 계속 남아 있지 못한다.
>
> ② 부정형용사 '**nūllus(어느 ~도 아닌)**'는 형용사 「~us / ~a / ~um」의 형태를 따른다.
> 예) Nūlla pecunia habet felicitatem. 어느 돈으로도 행복을 가질 수 없다.
>
> ③ '2중 부정'은 '강한 긍정'이 된다.
> nōn ~nihil 엄청나게 많은 것...(대명사)
> nōn ~nūllus 엄청나게 많은...(형용사)

연습문제

1) 다음을 라틴어로 옮기시오.

① 얼마(만큼)의 → _____

② 얼마의 돈을 → _____

③ 어느 것도 ~하지 않다.(부정대명사) → _____

④ 어느 ~도 아닌(부정 형용사) → _____

⑤ 그는 100 유로를 가지고 있습니다. → _____

2) 다음을 한국어로 번역하시오.

① Nōs nōn habēmus pecuniam.
→ _____

② Nōs nōn habēmus nullam pecuniam.
→ _____

③ Nihil perpetuum sub sōle.
→ _____

36. 당신은 책을 몇 권 가지고 계십니까?
Quot librōs tū habēs? [쿠오트 리브로스 투 하베스]

• Quot librōs tū habēs?	당신은 몇 권의 책을 가지고 계십니까?
• Egō habeō librōs quīnque.	나는 5권의 책을 가지고 있다.
• Quot librōs egō habeō?	나는 몇 권의 책을 가지고 있지?
• Tū habēs ferme trecentī librōs.	너는 거의 3백 권의 책을 가지고 있다.
• Quot librōs bibliothēca habet?	도서관은 몇 권의 책을 보유하고 있니?
• Bibliothēca habet decem mīlia librōs.	도서관은 만 권의 책을 보유하고 있다.
• Quot saccōs vōs habētis?	너희들은 몇 개의 가방을 가지고 있니?
• Nōs habēmus decem saccōs.	우리는 10개의 가방을 가지고 있다.
• Quot camisiās illī habent?	그들은 몇 개의 셔츠를 가지고 있습니까?
• Illī habent septuāgintā camisiās.	그들은 70 벌의 셔츠를 가지고 있다.
• Quot calceōs habent illae?	그녀들은 몇 개의 신발을 가지고 있습니까?
• Illae habent singulāriter duodecim calceōs.	그녀들은 각각 12개의 신발을 가지고 있습니다.

기억하기

① 의문 형용사 'quot(몇 개...)'는 불 변화임을 명심한다. 하지만, 앞에서 나왔었던, 분량을 물을 때 사용하는 의문 형용사 'quantus/-a/-um(얼마나)'는 수식하고자 하는 명사의 수와 성, 그리고 격에 따라 그 성격을 달리한다.
  예) Quantam pecuiam vōs habētis? 너희들은 얼마의 돈을 가지고 있니?

② 부사임을 명심한다.
  • singulāriter 각각; 하나씩.
  • fermē 거의.

연습 문제

1) 다음을 라틴어로 옮기시오.

  ① 몇 개의 → _____
  ② 몇 권의 책을 → _____
  ③ 몇 개의 가방을 → _____
  ④ 너는 6 권의 책을 가지고 있다. → _____
  ⑤ 그들은 10 개의 가방을 가지고 있다.
    → _____

2) 다음을 한국어로 번역하시오.

  ① Illī habent singulāriter undecim calceōs.
    → _____
  ② Bibliothēca habet centum mīlia librōs.
    → _____
  ③ Vōs habētis septuāgintā camisiās.
    → _____

37. 당신은 어떠한 비서를 데리고 있습니까?
Quālis scrībam tū habēs? [쿠알리스 스크리바 투 하베스]

- Quālis scrībam tū habēs? 당신은 어떠한 비서를 데리고 있습니까?
- Egō habeō scrībam benevolum et prūdēntem. 나는 친절하고 지혜로운 비서를 데리고 있다.
- Quālis librum tū habēs? 당신은 어떠한 책을 가지고 있습니까?
- Egō habeō librum ūtilem et doctum. 나는 유익하고 박식한 책을 가지고 있다.
- Quāles discipulōs tū docēs? 당신은 어떠한 학생들을 가르치고 있습니까?
- Egō doceō discipulōs honestōs et fortēs. 저는 정직하고, 용기있는 학생들을 가르칩니다.
- Quāles discipulōs ille docet? 그는 어떠한 학생들을 가르치고 있습니까?
- Ille docet discipulōs prāvōs et superbōs. 그는 부도덕하고, 교만한 학생들을 가르칩니다.
- Quāles magistrīs illa discit? 그녀는 어떠한 선생님들에게 배우니?
- Illa discit magistrīs honestīs et aequīs. 그녀는 정직하고, 공평한 선생님들에게 배웁니다.

기억하기

① 의문 형용사 'quālis(어떠한...)'는 '성질이나 품질'을 묻는 문장에 사용된다.
  예) Quālis magister docet Hispanum vōbis?
      어떠한 선생님이 너희들에게 스페인어를 가르치니?

② 형용사 정리(주격형으로).
  • benevolus 마음좋은, 친절한
  • prāvus 부도덕한, 부패한
  • superbus 교만한, 어려운
  • aequus 공평한, 같은
  • prūdēns 지혜로운, 슬기로운
  • honestus 정직한, 순결한
  • fortis 용기있는
  • ūtilis 유익한, 편리한

연습문제

1) 다음을 라틴어로 옮기시오.

   ① 어떠한   → _____
   ② 어떤 비서를   → _____
   ③ 어떤 책을   → _____
   ④ 어떤 학생들을   → _____
   ⑤ 어떤 선생님들에게 → _____

2) 다음을 한국어로 번역하시오.

   ① Egō habeō scriba prudentem. → _____
   ② Illa habet librum utilem.   → _____
   ③ Illae docent disciplōs fortēs. → _____
   ④ Illī discunt magistrīs aequīs. → _____

38. 당신은 펜을 몇 개 가지고 계십니까?
Quot pennas tū habēs? [쿠안탐 펜나스 투 하베스]

• Quot pennas tū habēs?	너는 몇 개의 펜을 가지고 있니?
• Egō habēo sōlum ūnam pennam.	저는 단지 한 개의 펜만을 가지고 있습니다.
• Quot paginas habet liber tuus?	너의 책은 몇 페이지로 되어 있니?
• Liber meus habet paginae centum vīgintī.	나의 책은 120 페이지로 되어 있습니다.
• Quot conclāves habet vestrī domus?	너희들 집은 몇 개의 방으로 되어 있니?
• Nostrī domus habet conclāve quattuor.	우리의 집은 4개의 방으로 되어 있습니다.
• Quot sellas portās tū?	너는 얼마만큼 큰 의자를 옮기니?
• Egō portō tantam sellam.	저는 이만큼 의자를 옮깁니다.
• Quantam aquam ille portat?	얼마만큼의 물을 그가 옮깁니까?
• Ille portat septem litrae aquam.	그는 7리터의 물을 옮깁니다.

기억하기

① 의문 형용사 'quantus(얼마나 큰)'는 '분량'을 묻는 문장에 사용된다.
예) Quatam aquam tū pōtās? 넌 얼마의 물을 마시니?

② 'portō(옮기다)' 1변화 동사의 현재형 변화 암기하기.

	단수	복수
1인칭	portō	portāmus
2인칭	portās	portātis
3인칭	portat	portant

연습문제

1) 다음을 라틴어로 옮기시오.

① 얼마나 많은 → _____

② 얼마나 많은 펜을 → _____

③ 얼마나 많은 페이지를 → _____

④ 얼마나 많은 물을 → _____

⑤ 얼마나 큰 의자를 → _____

2) 다음을 한국어로 번역하시오.

① Illa portat tantam sellam.

→ _____

② Meus domus habet conclave septem.

→ _____

③ Leber tuus habet paginae centum decem.

→ _____

39. 언제 가십니까? Quandō tū īs? [쿠안도 투 이스]

• Quandō tū īs?	당신은 언제 가십니까?
• Egō eō in praesentia.	저는 당장 갑니다.
• Quandō ille it?	그는 언제 갑니까?
• Ille it paullō post.	그는 조금 후에 갑니다.
• Quandō illa it?	그녀는 언제 갑니까?
• Illa it crās.	그녀는 내일 갑니다.
• Quandō nōs īmus?	우리는 언제 갑니까?
• Vōs ītis nunc.	너희는 지금 간다.
• Quandō vōs ītis?	너희는 언제 가니?
• Nōs īmus vespere.	우리는 저녁때에 갑니다.
• Quandō illī eunt?	그들은 언제 갑니까?
• Illī eunt merīdiē.	그들은 정오에 갑니다.
• Quandō illae eunt?	그녀들은 언제 갑니까?
• Illae eunt māne.	그녀들은 아침에 갑니다.

① 시간부사 정리.
- in praesentia 당장
- crās 내일
- vespere 저녁 때
- māne 아침에

· paullō post 조금 후에
· nunc 지금
· merīdiē 정오에

□ 참고:
- herī 어제
- postrīdiē 익일
- noctū 밤에
- tardē 늦게

· hodiē 오늘
· dīlūculo 새벽에
· perendiē 모레
· in perpetuum 영원히

연습 문제

1) 다음을 라틴어로 옮기시오.

① 언제 → _____

② 당신은 언제 가십니까? → _____

③ 그는 언제 갑니까? → _____

④ 그녀들은 언제 갑니까? → _____

⑤ 우리는 정오에 갑니다. → _____

2) 다음을 한국어로 번역하시오.

① Illī eunt crās. → _____

② Egō eō paullo post. → _____

③ Vōs ītis in praesentia. → _____

3) 다음 빈칸을 채우시오.

▶ eō 동사의 현재 변화형.

	단 수	복 수
1인칭	eō	③
2인칭	①	ītis
3인칭	②	④

① → _____

② → _____

③ → _____

④ → _____

40. 왜 식사를 하지 않습니까?
Cūr nōn tū edis? [쿠르 논 투 에디스]

• Cūr nōn tū edis?	왜 식사를 하지 않습니까?
• Egō jam edēbam.	저는 이미 식사를 했습니다.
• Edebasne affatim?	너는 풍족히 식사를 했니?
• Nōn, egō edēbam paulum.	아뇨. 저는 조금 먹었습니다.
• Cūr edēbās paulum?	왜 조금 식사를 했었니?
• Quia egō habēbam stomachī dolor.	왜냐하면, 배가 아팠기 때문입니다.
• Cūr nōn ille edēbat paululum?	왜 그는 아주 조금도 먹지 않았습니까?
• Quia ille habēbit capitis dolor.	왜냐하면 그는 머리가 아팠기 때문입니다.
• Cūr nōn nōs edēbāmus multum?	왜 우리는 많이 먹지 않았습니까?
• Quia vōs victūs rationem observātis.	왜냐하면 너희는 다이어트 중이잖아.
• Cūr nōn vōs edēbātis?	왜 너희들은 먹지 않았니?
• Quia nōs edēbāmus nimis.	왜냐하면 우리는 과하게 먹었기 때문입니다.
• Cūr nōn illae edēbant?	왜 그녀들은 식사를 하지 않았습니까?
• Quia illae jam edēbant affatim.	왜냐하면 그녀들은 풍성히 먹었습니다.

① 'edō(먹다)' 3변화 동사의 불완료 과거형 변화 암기하기.

	단수	복수
1인칭	edēbam	edēbāmus
2인칭	edēbās	edēbātis
3인칭	edēbat	edēbant

□ 참조 :

(1) 'amō(사랑하다)' 1변화 동사의 불완료 과거형 변화 암기하기.

	단수	복수
1인칭	amābam	amābāmus
2인칭	amābās	amābātis
3인칭	amābat	amābant

(2) 'moneō(충고하다)' 2변화 동사의 불완료 과거형 변화 암기하기.

	단수	복수
1인칭	monēbam	monēbāmus
2인칭	monēbas	monēbatis
3인칭	monēbat	monēbant

(3) 'capiō(가져가다)' 3변화 동사의 불완료 과거형 변화 암기하기.

	단수	복수
1인칭	capiēbam	capiēbāmus
2인칭	capiēbas	capiēbatis
3인칭	capiēbat	capiēbant

② 부사 정리.
- affatim 풍성히, 만족히
- multum 많이, 대단히
- paulum 조금
- nimis 너무, 과하게
- minimē 아주 적게, 지극히 적게
- parum 조금, 근소하게
- paululum 아주 적게
- jam 이미

연습문제

1) 다음을 라틴어로 옮기시오..

① 왜 → _____

② 왜 식사를 안 해요? → _____

③ 그녀는 이미 먹었습니다. → _____

④ 우리는 풍족히 먹었습니다. → _____

⑤ 그들은 조금 먹었습니다. → _____

⑥ 우리들은 많이 먹지 않았습니다. → _____

⑦ 나는 다이어트 중이다. → _____

2) 다음 빈칸을 채우시오..

▶ 과거 변화형.

edō 동수	단 수	복 수	habeō 동수	단 수	복 수
1인칭	edēbam	③	1인칭	habēbam	⑦
2인칭	①	edēbātis	2인칭	⑤	⑧
3인칭	②	④	3인칭	⑥	habēbunt

① → _____

② → _____

③ → _____

④ → _____

⑤ → _____

⑥ → _____

⑦ → _____

⑧ → _____

41. 내 책은 이것이다. Meus liber est hic. [메우스 리베르 에스트 힉]

- Meus liber est hic. 내 책은 이것이다.
- Tuus liber est iste. 네 책은 그것이다.
- Eius liber est ille. 그(녀)의 책은 저것이다.
- Nostrī librī sunt hī. 우리의 책들은 이것들이다.
- Vestrī librī sunt istī. 너희들의 책들은 그것들이다.
- Eōrum librī sunt illī. 그(녀)들의 책들은 저것들이다.
- Mea bulga est haec. 내 핸드백은 이것이다.
- Tua bulga est ista. 네 핸드백은 그것이다.
- Eius bulga est illa. 그(녀)의 핸드백은 저것이다.
- Nostrae bulgae sunt hae. 우리들의 핸드백들은 이것들이다.
- Vestrae bulgae sunt istae. 너희들의 핸드백들은 그것들이다.
- Eārum bulgae sunt illae. 그녀들의 핸드백들은 저것들이다.

① **지시대명사(주격형태)** 암기하기.

	남성단수	남성 복수	여성단수	여성복수
이것	hic	hī	haec	hae
그것	iste	istī	ista	istae
저것	ille	illī	illa	illae

□ 참조:
(1) **지시대명사(목적격, 대격)**.

	남성단수	남성 복수	여성단수	여성복수
이것	hunc	hōs	hanc	hās
그것	istum	istōs	istam	istās
저것	illum	illōs	illam	illās

(2) **지시대명사(속격)**

	남성단수	남성 복수	여성단수	여성복수
이것	huius	hōrum	huius	hārum
그것	istīus	istōrum	istīus	istārum
저것	illīus	illōrum	illīus	illārum

연습 문제

1) 다음을 '단수 주격형' 라틴어로 옮기시오.

   ① 이것은(남/여/중성) → _____ / _____ / _____

   ② 그것은(남/여/중성) → _____ / _____ / _____

   ③ 저것은(남/여/중성) → _____ / _____ / _____

   ※ 참조 : 중성(이것 / 그것 / 저것) ⇒ hōc / istud / illud

2) 다음을 한국어로 번역하시오.

   ① Vestrī librī sunt hī. → _____

   ② Nostrī librī sunt istī. → _____

   ③ Eōrum librī sunt illī. → _____

42. 그녀가 나에게 선물을 준다.
Illa dat mihī donum. [일라 닫 미히 도눔]

- Illa dat mihī donum. 그녀가 나에게 선물을 준다.
- Ille dat tibī donum. 그가 너에게 선물을 준다.
- Egō dō illī donum. 내가 그(녀)에게 선물을 준다.
- Tū dās illī donum. 네가 그(녀)에게 선물을 준다.
- Nōs dāmus vōbīs donum. 우리들은 너희들에게 선물을 준다.
- Vōs dātis nōbīs donum. 너희들은 우리들에게 선물을 준다.
- Egō dō illīs donum. 나는 그(녀)들에게 선물을 준다.
- Illae dant illīs donum. 그녀들은 그(녀)들에게 선물을 준다.

기억하기

① **인칭 여격** 암기하기.

	단수	복수
1인칭	mihī	nōbīs
2인칭	tibī	vōbīs
3인칭	illī	illīs

**3인칭의 남녀는 공통으로 사용이 된다.

② **'dō(주다)'** 1변화 동사의 현재형 변화 암기하기.

	단수	복수
1인칭	dō	dāmus
2인칭	dās	dātis
3인칭	dat	dant

연습문제

1) 다음을 라틴어로 옮기시오.

① 나에게 → _____

② 너에게 → _____

③ 그(녀)에게 → _____

④ 우리에게 → _____

⑤ 너희들에게 → _____

⑥ 그(녀)들에게 → _____

2) 다음을 한국어로 번역하시오.

① Egō dō illīs domum. → _____

② Illa dat mihī donum. → _____

③ Nōs dāmus tibī donum. → _____

3) 다음 빈칸을 채우시오.

▶ dō 동사의 현재 변화형.

	단 수	복 수
1인칭	dō	③
2인칭	①	dātis
3인칭	②	④

① → _____

② → _____

③ → _____

④ → _____

43. 날씨가 좋다.
Tempestās est serēna. [템페스타스 에스트 세레나]

• Quōmodo tempestās est?	날씨가 어떠니?
• Tempestās est serēna.	날씨가 좋다.
• Quōmodo tempestās est?	날씨가 어떠니?
• Tempestās est clāra.	날씨가 맑다.
• Quōmodo tempestās est?	날씨가 어떠니?
• Tempestās est sūda.	날씨가 구름이 없다[맑다].
• Quōmodo tempestās est?	날씨가 어떠니?
• Tempestās est nebulōsa.	날씨가 안개가 꼈다.
• Quōmodo tempestās est?	날씨가 어떠니?
• Tempestās est foeda.	날씨가 탁하다.
• Quōmodo tempestās est?	날씨가 어떠니?
• Tempestās est spurca.	날씨가 맑지 않다[탁하다].
• Quōmodo tempestās est?	날씨가 어떠니?
• Tempestās est frīgida.	날씨가 춥다.

① 날씨를 나타내는 형용사는 주어가 여성이기 때문에 여성형용사로 일치를 시켜야 한다.
□ 참조 : **날씨 형용사**
- calidus, -a, -um 더운
- frīgidus, -a, -um 추운
- gelidus, -a, -um 차가운
- hūmidus, -a, -um 축축한
- nūbilus, -a, -um 구름 낀
- siccus, -a, -um 건조한
- fervidus, -a, -um 뜨거운
- tepidus, -a, -um 온난한
- madidus, -a, -um 습한

연습문제

1) 다음을 라틴어로 옮기시오.

　　① 어떻게　　　　→ _____

　　② 날씨가 어떠니? → _____

　　③ 안개가 꼈다.　 → _____

　　④ 날씨가 좋다.　 → _____

　　⑤ 날씨가 탁하다. → _____

2) 다음을 한국어로 번역하시오.

　　① Tempestās est calida.

　　　→ _____

　　② Tempestās est sicca.

　　　→ _____

　　③ Tempestās est tepida.

　　　→ _____

　　④ Tempestās est madida.

　　　→ _____

　　⑤ Tempestās est fervida.

　　　→ _____

44. 빵을 먹읍시다! Edāmus pānem! [에다무스 파넴]

• Edāmus pānem!	빵을 먹읍시다!
• Jam eāmus!	이제 갑시다!
• Studeāmus Latino!	라틴어를 공부합시다!
• Loquamur Latine!	라틴어로 말합시다!
• Bibāmus theam!	차를 마십시다!
• Incipāmus!	시작합시다!
• Jam terminēmus!	이제 끝냅시다!
• Legāmus librum!	책을 읽읍시다!
• Cantēmus cantum!	노래를 부릅시다!
• Abūtamur occāsiōnem!	기회를 이용합시다!
• Purgēmus conclāvem!	방을 청소합시다!
• Scrībāmus epistulam!	편지를 씁시다!

기억하기

① 동사변화를 하려면, 동사 원형형태를 알아두어야 한다.
- 가다 → īre (특이형)
- 먹다 → edere
- 시작하다 → incipere
- 읽다 → legere
- 사용하다 → abūtī (특이형; 탈형)
- 쓰다 → scribere
- 공부하다 → studēre
- 마시다 → bibere
- 끝내다 → termināre
- 노래하다 → cantāre
- 청소하다 → purgāre
- 말하다 → loquī (특이형; 탈형)

▶ 사전에서 <u>동사를 찾을 때는 현재형 1인칭 단수형</u>을 알아두어야 한다.
- 가다 → eō
- 먹다 → edō
- 공부하다 → studō
- 마시다 → bibō

- 시작하다 → incipio
- 읽다 → legō
- 사용하다 → abūtor
- 쓰다 → scribō
- 끝내다 → terminō
- 노래하다 → cantō
- 청소하다 → purgō
- 말하다 → loquor

② <u>**청유형은 접속법 1인칭 복수형**</u>을 사용하면 된다.

□ 참조:
(1) 'amō(사랑하다)' 1변화 동사의 접속법현재 변화 암기하기.

	단수	복수
1인칭	amem	amēmus
2인칭	amēs	amētis
3인칭	amet	ament

(2) 'moneō(충고하다)' 2변화 동사의 접속법현재 변화 암기하기.

	단수	복수
1인칭	moneam	moneāmus
2인칭	moneās	moneatis
3인칭	moneat	moneant

(3) 'edō(먹다)' 3변화 동사의 접속법현재 변화 암기하기.

	단수	복수
1인칭	edam	edāmus
2인칭	edās	edātis
3인칭	edat	edant

(4) 'capiō(가져가다)' 4변화 동사의 접속법현재 변화 암기하기.

	단수	복수
1인칭	capiam	capiāmus
2인칭	capiās	capiātis
3인칭	capiat	capiant

② '<u>**탈형 동사**</u>'는 일반 형태와는 틀리게 변화하는 형태로서 각각 암기를 해야한다.
예) loquī(말하다), abūtī(이용하다)

□ 제 3탈형 동사 loquī(말하다)의 접속법 현재 변화.

	단수	복수
1인칭	loquar	lōquamur
2인칭	lōquaris	loquamini
3인칭	lōquatur	lōquantur

연습문제

1) 다음을 라틴어로 옮기시오..

　① 갑시다! → _____

　② 말합시다! → _____

　③ (노래) 부릅시다! → _____

　④ 청소합시다! → _____

　⑤ 끝냅시다! → _____

2) 다음 빈칸을 채우시오..

▶ 접속법 현재 변화형.

amō 동수	단 수	복 수
1인칭	amem	③
2인칭	①	amētis
3인칭	②	④

studō 동사	단 수	복 수
1인칭	studeam	⑦
2인칭	⑤	⑧
3인칭	⑥	studeant

① → _____　　⑤ → _____

② → _____　　⑥ → _____

③ → _____　　⑦ → _____

④ → _____　　⑧ → _____

45. 당신은 무엇을 공부하십니까?
Cui tū studēs? [쿠이 투 스투데스]

• Cui tū studēs?	당신은 무엇을 공부하십니까?
• Egō studeō Latīno.	저는 라틴어를 공부합니다.
• Cui egō studēre dēbeō?	저는 무엇을 공부해야 합니까?
• Tū historiae studēre dēbēs.	너는 역사를 공부해야 한다.
• Cui ille studet?	그는 무엇을 공부합니까?
• Ille Hispanico studet.	그는 스페인어를 공부합니다.
• Cui illa studet?	그녀는 무엇을 공부합니까?
• Illa Gallico studet.	그녀는 프랑스어를 공부합니다.
• Cui nōs studēre dēbēmus?	우리는 무엇을 공부해야 합니까?
• Vōs physicae studēre dēbētis.	너희들은 물리를 공부해야 한다.
• Cui vōs studētis?	너희들은 무엇을 공부하니?
• Nōs publicarum opum scientiae studēmus.	우리들은 경제학을 공부한다.
• Cui illī student?	그들은 무엇을 공부하니?
• Illī chemiae student.	그들은 화학을 공부합니다.

기억하기

① '**studeō**(공부하다)'의 현재형 동사변화 암기하기.

	단수	복수
1인칭	studeō	studēmus
2인칭	studēs	studētis
3인칭	studet	student

② '**dēbeō**(~해야한다) + 동사원형' 형태는 58과 참조.

③ <u>의문대명사</u> 암기하기.

	남·여성 단수	중성 단수
주격	quis	quid
속격	cūius	cūius
여격	cui	cui
대격	quem	quid
탈격	quō	quō

연습문제

1) 다음을 라틴어로 옮기시오.

① 당신은 무엇을 공부합니까? → _____

② 나는 라틴어를 공부해야 합니다. → _____

③ 물리를 → _____

④ 경제학을 → _____

⑤ 화학을 → _____

2) 다음의 빈칸을 채워 넣으시오.

▶ dēbeō 동사의 현재 변화형.

	단 수	복 수
1인칭	dēbeō	③
2인칭	①	dēbētis
3인칭	②	④

① → _____

② → _____

③ → _____

④ → _____

46. 너는 몇 살이냐?
Quot annōs tū habēs? [쿠오트 안노스 투 하베스]

• Quot annōs tū habēs?	너는 몇 살이니?
• Egō habeō octō annōs.	저는 8살입니다.
• Quot annōs ille habet?	그는 몇 살이니?
• Ille habet septemdecim annōs.	그는 17살입니다.
• Quot annōs illa habet?	그녀는 몇 살이니?
• Illa habet duodēvīgintī annōs.	그녀는 18살입니다.
• Quot annōs nōs habēmus?	우리는 몇 살이니?
• Vōs habētis vīgintī ūnus annōs.	너희들은 21살이다.
• Quot annōs vōs habētis?	너희들은 몇 살이니?
• Nōs habēmus trīgintā annōs.	우리는 30살입니다.
• Quot annōs illae habent?	그녀들은 몇 살입니까?
• Illae habent trīgintā quīnque annōs.	그녀들은 35살입니다.

기억하기

① 의문 형용사 'quot'는 다른 의문형용사와는 다르게 '**불변(화)사**'이다.
　예) Quot puellae sunt in hortō? 정원에는 몇 명의 아이들이 있습니까?

□ 참조 : 의문형용사
　• Quotus, -a, -um 몇 번째? (순서 수를 묻는다)
　　예) Quota hōra est? 몇 시입니까?
　• Quantus, -a, -um 얼마나 큰? (분량을 묻는다)
　　예) Quantae sellae sunt? 얼마나 큰 의자들이 있습니까?
　• Quālis, -e 어떠한? (성질이나 품질을 묻는다)
　　예) Quālēs dēbent esse magistrī? 선생님들은 어떠한 사람이어야 하는가?

연습문제

1) 다음을 라틴어로 옮기시오.

① 몇 살(목적격)

→ _____

② 그는 몇 살입니까?

→ _____

③ 그녀들은 몇 살입니까?

→ _____

④ 우리들은 19살입니다.

→ _____

⑤ 저는 20살입니다.

→ _____

47. 누가 이것을 먹었습니까? Quis edit hoc? [쿠이스 에디트 혹]

• Quis edit hōc?	누가 이것을 먹었습니까?
• Egō edī istud.	제가 그것을 먹었습니다.
• Quid istud est?	그것은 무엇이지요?
• Hoc est olera sāle mācerāta.	이것은 소금에 절인 야채입니다.
• Quis edit hōc?	누가 이것을 먹었습니까?
• Illa edit istud.	그녀가 그것을 먹었습니다.
• Quid istud est?	그것은 무엇이지요?
• Hoc est acētum.	이것은 식초입니다.
• Quid edit illud?	누가 저것을 먹었습니까?
• Nōs edimus illud.	우리가 저것을 먹었습니다.
• Quid est illud?	저것은 무엇입니까?
• Illud est crūstulum.	저것은 과자입니다.

기억하기

① '중성 지시 대명사(단수 주격형)' 암기하기.

	중성	남성	여성
이것	**hōc**	hic	haec
그것	**istud**	iste	ista
저것	**illud**	ille	illa

연습문제

1) 다음을 라틴어로 옮기시오.

① 누가 → _____

② 누가 이것을 먹었습니까? → _____

③ 그것을 너희가 먹었잖아. → _____

④ 그들은 저것을 먹었다. → _____

⑤ 우리는 빵을 먹었다. → _____

2) 다음의 빈칸을 채워 넣으시오.

▶ Edō 동사의 부정과거형(완료과거).

	단 수	복 수
1인칭	edī	③
2인칭	①	editis
3인칭	②	④

① → _____

② → _____

③ → _____

④ → _____

48. 이 책은 누구의 것입니까?
Cūius huius liber est? [쿠이우스 후이우스 리베르 에스트]

- Cūius huius liber est?   이 책은 누구의 것입니까?
- Istīus liber est meī.   그 책은 나의 것입니다.
- Cūius istīus liber est?   그 책은 누구의 것입니까?
- Huius liber est nostrī.   이 책은 우리의 것입니다.
- Cūius illīus liber est?   저 책은 누구의 것입니까?
- Illīus liber est magistrī.   저 책은 선생님의 것입니다.
- Cūius hōrum librī sunt?   이 책들은 누구의 것입니까?
- Istōrum librī sunt vestrī.   그 책들은 너희들의 것이다.
- Cūius illōrum librī sunt?   저 책들은 누구의 것입니까?
- Illōrum librī sunt illārum.   저 책들은 그녀들의 것입니다.

기억하기

① '지시 대명사(속격형)' 암기하기.

	이것	저것	그것
남성단수	huius	istīus	illīus
남성복수	hōrum	istōrum	illōrum
여성단수	huius	istīus	illīus
여성복수	hārum	istārum	illārum
중성단수	huius	istīus	illīus
중성복수	hōrum	istōrum	illōrum

② **Cūius** 형태는 45과 기억하기 참조.

연습 문제

1) 다음을 라틴어로 옮기시오.

① 누구의 것 → _____

② 나의 것 → _____

③ 너의 것 → _____

④ 그(녀)의 것 → _____ / _____

⑤ 우리의 것 → _____

⑥ 너희들의 것 → _____

⑦ 그(녀)들의 것 → _____ / _____

49. 당신은 누구를 기다리십니까? Quem tū īnsidiāris(exspectās)? [쿠엠 투 인시디아리아(엑스스펙타스)]

• Quem tū īnsidiāris[exspectās]?	당신은 누구를 기다리십니까?
• Egō illam exspectō[īnsidior].	저는 그녀를 기다리고 있습니다.
• Quem ille exspectat[īnsidiur]?	그는 누구를 기다리고 있습니까?
• Ille exspectat[īnsidiur] illius patrum.	그는 그의 아버지를 기다리고 있습니다.
• Quem vōs exspectātis [īnsidiāmini]?	너희들은 누구를 기다리고 있니?
• Nōs exspectāmus[īnsidiāmur] nostram magistram.	우리는 우리의 (여)선생님을 기다리고 있습니다.
• Quem nōs exspectāmus[īnsidiāmur]?	우리는 누구를 기다리고 있습니까?
• Nōs exspectāmus[īnsidiāmur] clienēs.	우리들은 고객들을 기다리고 있습니다.
• Quem illae exspectant[īnsidiāntur]?	그녀들은 누구를 기다리고 있습니까?
• Illae exspectant[īnsidiāntur] illārum marītōs.	그녀들은 그녀들의 남편(들)을 기다리고 있습니다.

① 'īnsidior / exspectō(기다리다)' 암기하기.

	단수	복수
1인칭	īnsidior	īnsidimur
2인칭	īnsidieris	īnsidimini
3인칭	īnsiditur	īnsidiuntur

	단수	복수
1인칭	exspectō	exspectāmus
2인칭	exspectās	exspectātis
3인칭	exspectat	exspectant

② **Quem** 형태는 45과 기억하기 참조.

연습문제

1) 다음을 라틴어로 옮기시오.

① 누구를 → _____

② 나를 → _____

③ 너를 → _____

④ 그를 → _____

⑤ 그녀를 → _____

⑥ 우리를 → _____

⑦ 너희들을 → _____

⑧ 그들을 → _____

⑨ 그녀들을 → _____

2) 다음 빈칸을 채우시오.

▶ 직설법 현재형.

īnsidior 동사	단 수	복 수	exspectō 동사	단 수	복 수
1인칭	īnsidior	③	1인칭	exspecto	⑦
2인칭	①	īnsidiāmini	2인칭	⑤	⑧
3인칭	②	④	3인칭	⑥	exspectant

① → _____　　⑤ → _____

② → _____　　⑥ → _____

③ → _____　　⑦ → _____

④ → _____　　⑧ → _____

50. 맛이 좋다. Suāvis est. [수아위스 에스트]

- Pānis suāvis est. 빵이 맛이 좋다.
- Prandium sapidum est. 점심식사가 맛이 좋다.
- Cēna terriblis est. 저녁식사가 형편없다.
- Vīnum dulce est. 와인이 달다.
- Zythum amārum est. 맥주가 쓰다.
- Mālum acerbum est. 사과 맛이 떫다.
- Cāseus salsus est. 치즈가 짜다.
- Jusculum īnsulsum est. 고기 국 맛이 싱겁다.
- Piperitis acris est. 고추가 맵다.
- Cibus pinguis est. 음식 맛이 느끼하다.
- Acētum acidum est. 식초는 시다.

기억하기

① **음식의 맛을 나타내는 형용사** 암기하기.
→ 반드시 주어의 남·여성에 따라 형용사의 형태를 맞춰야 한다.
- suāvis, -is, -e 맛있는
- sapidus, -a, -um 맛있는
- terriblis, -is, -e 형편없는
- dulcis, -is, -e 단
- amārus, -a, -um 쓴
- acerbus, -a, -um 떫은
- salsus, -a, -um 짠
- īnsulsus, -a, -um 싱거운
- acidus, -a, -um 신
- pinguis, -is, -e 기름진
- ācer, -cra, -crum 매운

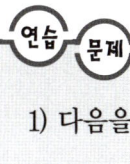

1) 다음을 '남성 단수형' 라틴어로 옮기시오.

① 맛이 좋다. → _____

② 맛이 쓰다. → _____

③ 맛이 달다. → _____

④ 맛이 맵다. → _____

⑤ 맛이 떫다. → _____

⑥ 맛이 싱겁다. → _____

⑦ 맛이 짜다. → _____

51. 소년은 키가 크다. Puer est altus. [푸에르 에스트 알투스]

• Puer est altus.	남자아이는 키가 크다.
• Puella est brevis.	여자아이는 키가 작다.
• Puer est pinguis.	남자아이는 뚱뚱하다.
• Puella est obēsa.	여자아이는 뚱뚱하다.
• Magister est gracilis.	선생님(남)은 날씬하다.
• Magistra est parva.	선생님(여)은 왜소하시다.
• Aedificātiō est māgna.	건물은 크다.
• Conclāve est arctum.	방은 좁다.
• Lectus est lātus.	침대는 넓다.
• Mēnsa est rotunda.	책상은 둥글다.
• Speculum est quadrātum.	거울은 네모모양이다.
• Flumen est longum.	강이 길다.
• Lacus est profundus.	호수가 깊다.
• Mare est tenum.	바다가 얕다.

① **외형을 나타내는 형용사** 암기하기.
→반드시 주어의 남·여성에 따라 형용사의 형태를 맞춰야 한다.

- altus, -a, -um 키가 큰
- pinguis, -is, -e 뚱뚱한
- gracilis, -is, -e 날씬한
- māgnus, -a, -um 큰
- lātus, -a, -um 넓은
- quadrātus, -a, -um 네모진
- profundus, -a, -um 깊은
- brevis, -is, -e 키가 작은
- obēsus, -a, -um 뚱뚱한
- parvus, -a, -um 작은
- arctus, -a, -um 좁은
- rotundus, -a, -um 둥근
- longus, -a, -um 긴
- tenuis, -is, -e 얕은

연습 문제

1) 다음을 '여성 단수형' 라틴어로 옮기시오.

① 키가 큰 → _____

② 키가 작은 → _____

③ 뚱뚱한 → _____

④ 마른 → _____

⑤ 덩치가 큰 → _____

⑥ 덩치가 작은 → _____

2) 다음을 한국어로 번역하시오.

① Aedificātiō est lāta. → _____

② Speculum est longum. → _____

③ Mare est profundum. → _____

52. 나의 아버지는 나와 함께 극장에 간다. Meus pāter it mēcum ad cinemateum. [메우 파테르 잍 메쿰 아드 치네마테움]

- Meus pāter it mēcum ad cinemateum. 나의 아버지는 나와 함께 극장에 간다.
- Tua māter it tēcum ad macellum. 너의 어머니는 너와 함께 시장에 간다.
- Egō eō cum amīcīs ad mōnem. 나는 친구들과 산에 간다.
- Tū īs mēcum ad scholam. 너는 나와함께 학교에 간다.
- Ille afferit umbellam sēcum 그가 직접 우산을 가져왔다.
- Illa edit cēnam nōbīscum. 그녀는 우리와 함께 저녁을 먹는다.
- Nōs īmus vōbīscum ad ēcclesiam. 우리는 너희들과 함께 교회에 간다.
- Vōs ītis mēcum ad museum. 너희들은 나와함께 박물관에 간다.
- Illī eunt nōbīscum ad hortōs. 그들은 우리들과 공원에 간다.
- Illae eunt tēcum ad pīscinam. 그녀들은 너와함께 수영장에 간다.

기억하기

① 전치사 'cum(~함께)'은 탈격만이 뒤에 올 수 있다.
   예) cum amīcō 친구와 함께
       cum mātre 어머니와 함께
   **주의: 인칭대명사와 cum이 함께 올 때는 cum 앞에 붙여 사용한다.
       예) mēcum   나와함께
           tēcum   너와함께
           sēcum   그(녀) 자신이 직접
           nōbīscum   우리와 함께
           vōbīscum   너희들과 함께
           sēcum   그(녀)들 자신이 직접

② 전치사 'ad(~로, ~향해)'는 목적격만이 뒤에 올 수 있다.
   예) ad oppidum 도시(쪽)으로
       ad orientem 동쪽으로
       ad tē 너에게로

1) 다음을 라틴어로 옮기시오.

① 나와 함께 → _____

② 너와 함께 → _____

③ 그와 함께 → _____

④ 그녀와 함께 → _____

⑤ 우리와 함께 → _____

⑥ 너희들과 함께 → _____

⑦ 그들과 함께 → _____

⑧ 그녀들과 함께 → _____

2) 다음을 한국어로 번역하시오.

① Tuus pāter it mēcum ad cinemateum.

→ _____

② Illa afferit umbellam sēcum.

→ _____

③ Illae eunt nōbīscum ad pīscinam.

→ _____

53. 얼마나 아름다운가! Quī pulchritūdō! [쿠이 풀크리투도]

• Quī pulchritūdō!	얼마나 아름다운가!
• Quae ōrātiō!	멋진 연설이다!
• Cuantum gaudium!	얼마나 기쁜지!
• Cuantus dolor!	얼마나 고통스러운지!
• Cuanta laetitia!	얼마나 즐거운지!
• Cuanta maestitia!	얼마나 우울한지!
• O magna vīs vēritātis!	오 진리의 위대한 힘이여!(주격)
• O fortūnātus adolēscēns!	오 행운이 있는 젊은이여!(호격)
• O rēm miserābilem!	오 비참한 사실이여!(목적격)
• Proh dolor!	아 원통하도다!(주격)
• Proh deī immortālēs!	아 불멸의 신들이여!(호격)
• Proh deum fīdum!	아 신들의 신실함이여!(목적격)
• Ecce homō!	보라, 이 사람을!(주격)
• Heu mihī!	아이고 내 팔자여!(여격)
• Bene!	잘했다!
• Bene vōbīs!	너희는 다행이다!
• Bene tē!	너에게 축복이!
• Vivat!	만세!
• Vivat Corea!	대한민국 만세!

기억하기

① 감탄문 만들기(1) :
의문 대명사 속격 + 명사! → 얼마나 ~한지!
의문 형용사 + 명사! → 얼마나 ~한지!(분량의 느낌을 가질 때 사용)

② 감탄문 만들기(2) :
'**O**(오~!) **Proh**(아~!)' 감탄사의 경우에는 주격 호격 목적격과 함께 사용할 수 있다.
'**Ecce**(보라!)' 감탄사는 주격과 '**Heu**(아이고!)' 감탄사는 여격과 함께 사용한다.

③ 감탄문 만들기(3) :
부사 '**bene**(좋게)'를 이용한 감탄문 만들기.
단독으로 사용하거나 뒤에 여격을 사용해서 감탄문을 만들 수 있다.

④ 감탄문 만들기(4) :
동사 '**vivō**(살다)'를 이용한 감탄문 만들기. 3인칭 단·복수를 사용해서 '만세!'의 의미를 만든다.

⑤ 단독으로 사용되는 감탄사도 많이 있다.
예)
- Au! 오호라(슬플 때)!
- Eho! 이봐요!
- Euge! 와 착하다!
- Ohe! 그만!
- Hercle! 맹세코(남자가 사용)!
- Ehem! 아(기쁠 때)!
- Eu! 아이 좋아!
- Hui! 저런!
- St! 쉿!
- Ēcastor! 맹세코(여자가 사용)!

1) 다음을 라틴어로 옮기시오.

① 만세! → _____

② 오 진리의 위대한 힘이여! → _____

③ 너에게 축복이! → _____

④ 얼마나 기쁜지! → _____

2) 다음을 한국어로 번역하시오.

① Heu mihī! → _____

② O rēm miserābilem! → _____

③ Quae ōrātiō! → _____

54. 마리아는 그녀의 언니보다 더 아름답다. Maria est pulchrior quam sua soror. [마리아 에스트 풀크리오르 쿠암 수아 소로르]

• Maria est pulchrior quam sua soror.	마리아는 그녀의 언니보다 더 아름답다.
• Egō sum altior quam tū.	나는 너보다 키가 크다.
• Tū es māgnior quam ille.	너는 그보다 덩치가 더 크다.
• Illa est gracilior quam Maria.	그녀가 마리아보다 더 날씬하다.
• Ille est humilior quam Sanchus.	그가 산초보다 더 겸손하다.
• Nōs sumus valiōrēs quam illī.	우리는 그들보다 더 강하다.
• Vōs estis immaculosiōrēs quam illae.	너희들은 그녀들보다 깨끗하다.
• Illa est humilior quam abjecta.	그녀는 비천하기보다는 겸손하다.
• Tū es sapienior quam insapiens.	너는 미련하기보다는 지혜롭다.
• Egō sum minus altus quam illa.	나는 그녀보다 덜 크다.
• Tū es minus pulchra quam egō.	너는 나보다 덜 이쁘다.

기억하기

① 우등 비교급 만들기(주격 단수).
「남·여성형용사 **-ior**/중성형용사 **-ius+quam**(-보다) + 비교 형용사 또는 비교 명사」

□ <u>우등 비교급 어미 변화표</u>

	남성단수	여성단수	중성단수	남성복수	여성복수	중성복수
주격	-ior	-ior	-ius	-iōrēs	-iōrēs	-iōra
속격	-iōis	-iōris	-ióris	-iōrum	-iōrum	-iōrum
여격	-iōrī	-iōrī	-iōrī	-iōribus	-iōribus	-iōribus
대격	-iōrem	-iōrem	-ius	-iōrēs	-iōrēs	-iōra
탈격	-iōre	-iōre	-iōre	-iōribus	-iōribus	-iōribus

② 열등 비교급 만들기
「**minus** + 남·여성·중성형용사 +**quam**(-보다) + 비교 형용사 또는 비교 명사」
열등 비교문에서는 형용사는 원급을 사용하며, 그 수식할 형용사 앞에 minus만 붙이면 된다.

③ <u>불규칙한 형태의 비교급 형용사</u>
- bonus, -a, -um(좋은) → melior, -ius
- malus, -a, -um(나쁜) → peior, -ius
- multus, -a, -um(많은) → plūs
- māgnus, -a, -um(큰) → maior, -ius
- parvus, -a, -um(작은) → minor, minus
- īnferus, -a, -um(열등한) → īnferior, -ius
- superus, -a, -um(월등한) → superior, -ius

연습 문제

1) 다음을 라틴어로 옮기시오(형용사는 남성 단수 기준).

① -보다 → _____

② 더 큰(키/덩치) → _____ / _____

③ 더 작은(키/ 덩치) → _____ / _____

④ 더 겸손한 → _____

⑤ 덜 큰(키/덩치) → _____ / _____

⑥ 덜 작은(키/ 덩치) → _____ / _____

55. 그녀는 나를 친절하게 대한다.
Illa mē tractat benignē. [일라 메 트락타트 베니그네]

- Illa mē tractat benignē. 　　　　그녀는 나를 친절하게 대한다.
- Ille tē tractat assiduē. 　　　　그는 너에게 변함 없이 대한다.
- Egō discipulīs doceō sincērē. 　　나는 학생들에게 정성을 다해 가르친다.
- Tū discipulīs docēs ārdentere. 　너는 학생들에게 열정적으로 가르친다.
- Ille visitat mē festīnanter. 　　그는 나를 급하게 방문한다.
- Illa visitat magistrum crēbrō. 　그녀는 선생님을 매우 자주 방문한다.
- Nōs colloquimur inter nōs fūrtīvē. 　우리는 우리끼리 몰래 이야기한다.
- Illī colloquuntur mēcum apertē. 　그들은 나와 솔직하게 이야기한다.
- Vōs laborātis grātīs. 　　　　너희들은 무보수로 일을 하고 있다.
- Illae laborant penitus. 　　　그녀들은 철두철미하게 일을 한다.

---

① 부사 기억하기(부사는 형태를 변화하지 않는다).
- benignē 친절하게
- assiduē 변함 없이
- sincērē 정성 있게
- ārdentere 열정적으로
- festīnanter 급하게
- crēbrō 매우 자주
- fūrtīvē 몰래
- apertē 솔직하게
- grātīs 무보수로, 공짜로
- penitus 철저하게

② 동사 정리하기.
  (1) '**tractō**(사람에게 대하다)' 동사 현재형.

	단수	복수
1인칭	tractō	tractāmus
2인칭	tractās	tractātis
3인칭	tractat	tractant

⑵ 'colloquī(대화하다)' 동사 현재형.
　　　　　단수　　　　　　복수
　1인칭　colloquor　　　　collōquimur
　2인칭　collōqueris　　　 colloquīmini
　3인칭　collōquitur　　　 colloquūntur

⑶ 'laborō(일하다)' 동사 현재형.
　　　　　단수　　　　　　복수
　1인칭　laborō　　　　　laborāmus
　2인칭　laborās　　　　 laborātis
　3인칭　laborat　　　　　laborant

연습문제

1) 다음을 라틴어로 옮기시오.

　① 친절하게　→ _____

　② 열정적으로　→ _____

　③ 솔직하게　→ _____

　④ 철두철미하게　→ _____

　⑤ 공짜로　→ _____

2) 다음의 빈칸을 채워 넣으시오.

　▶ tractō 동사의 현재 변화형.

	단 수	복 수
1인칭	tractō	③
2인칭	①	tractātis
3인칭	②	④

① → _____

② → _____

③ → _____

④ → _____

▶ colloquī 동사의 현재 변화형.

	단 수	복 수
1인칭	colloquor	⑦
2인칭	⑤	⑧
3인칭	⑥	colloquntur

⑤ → _____

⑥ → _____

⑦ → _____

⑧ → _____

▶ laborō 동사의 현재 변화형.

	단 수	복 수
1인칭	laborō	⑪
2인칭	⑨	⑫
3인칭	⑩	laborant

⑨ → _____

⑩ → _____

⑪ → _____

⑫ → _____

56. 나는 매우 바쁘다.
Egō sum occupātissimus. [에고 숨 옥쿠파티스시무스]

• Egō sum occupātissimus.	나는 매우 바쁘다.
• Egō sum occupātissimus inter amicōs.	나는 친구들 중에 제일 바쁘다.
• Tū es doctissimus.	너는 너무 똑똑하다.
• Tū es doctissimus de schola.	너는 학교에서 제일 똑똑하다.
• Ille est humanissimus.	그는 너무 인정이 있다.
• Ille est humanissimus ex nobis.	그는 우리들 가운데 제일 인정이 있다.
• Illa est hilarissima.	그녀는 너무 즐거워한다.
• Ille est indoctissimus.	그는 너무 무식하다.
• Illa est loquacissima.	그녀는 너무 수다스럽다.
• Nōs sumus ebriissimī.	우리들(남자)은 너무 취했다.
• Nōs sumus ebriissimae.	우리들(여자)은 너무 취했다.
• Vōs estis credibilissimī.	너희들(남자)은 너무 믿을 만 하다.
• Vōs estis credibilissimae.	너희들(여자)은 너무 믿을 만 하다.
• Illī sunt juncundissimī.	그들은 너무 재미있다.
• Illae sunt luxuriosissimae.	그녀들은 너무 사치스럽다.

기억하기

① 최상급 만들기(주격 단수).
「남성형용사 **-issimus** / 여성형용사 **-issima** / 중성형용사 **-issimum**
 +inter(~사이에)+ 대격 명사 / ex, de(~가운데서) + 탈격 명사」
  변화형은 형용사 '-us, -a, -um' 형태와 같이 변함.

② 비교 대상이 없이 단독으로 최상급을 사용할 경우에는 절대적 최상급으로 '너무~한, 지극히~한'으로 사용을 한다.

③ 불규칙한 형태의 최상급 형용사
  • bonus, -a, -um(좋은) → optimus, -a, -um
  • malus, -a, -um(나쁜) → pessimus, -a, -um
  • multus, -a, -um(많은) → plūrimus, -a, -um
  • māgnus, -a, -um(큰) → māximus, -a, -um
  • parvus, -a, -um(작은) → minimus, -a, -um
  • īnferus, -a, -um(열등한) → īnfimus, -a, -um
  • superus, -a, -um(월등한) → suprēmus, -a, -um

연습 문제

1) 다음의 질문에 알맞은 '남성 단수형' 라틴어를 쓰시오.

① '바쁜'의 최상급   → _____

② '똑똑한'의 최상급 → _____

③ '재미있는'의 최상급 → _____

④ '수다스런'의 최상급 → _____

⑤ '무식한'의 최상급   → _____

57. 나는 라틴어를 공부할 수 있다.
Egō Latino studēre possum. [에고 라티네 스투데레 모스숨]

• Egō Latino studēre possum.	나는 라틴어를 공부할 수 있다.
• Tū Latino studēre potes.	너는 라틴어를 공부할 수 있다.
• Ille Latino studēre potest.	그는 라틴어를 공부할 수 있다.
• Illa Hispanico studēre potest.	그녀는 스페인어를 공부할 수 있다.
• Nōs Sinico studēre possumus.	우리는 중국어를 공부할 수 있습니다.
• Vōs Gallico studēre potestis.	너희들은 프랑스어를 공부할 수 있다.
• Illī Coreano studēre possunt.	그들은 한국어를 공부할 수 있다.
• Illae Germānico studēre possunt.	그녀들은 독일어를 공부할 수 있다.
• Discipulī Japonico studēre possunt.	학생들은 일본어를 공부할 수 있다.

기억하기

① 'possum 동사'는 'potis(할 수 있는) 형용사'와 sum(~이다) 동사의 합성형 동사이다. 그래서 어휘의 어미부분에서는 sum 동사의 변화를 사용한다. 이 동사는 조동사 역할을 하기 때문에 말하고자 하는 동사의 원형을 동반할 수 있다.

□ 'possum(~할 수 있다)' 동사 현재형.

	단수	복수
1인칭	pos-sum	pos-sumus
2인칭	pot-es	pot-estis
3인칭	pot-est	pos-sunt

예) Egō ambulāre possum.
　　나는 걸을 수 있다.
　　Ille tē vidēre potest.
　　그는 너를 볼 수 있다.

연습문제

1) 다음을 라틴어로 옮기시오.

① 나는 마실 수 있다. → _____

② 너는 먹을 수 있다. → _____

③ 그는 공부할 수 있다. → _____

④ 우리는 도울 수 있다. → _____

⑤ 너희들은 노래할 수 있다. → _____

⑥ 그녀들은 볼 수 있다. → _____

2) 다음의 빈칸을 채워 넣으시오.

▶ possum 동사의 현재 변화형.

	단 수	복 수
1인칭	possum	③
2인칭	①	potestis
3인칭	②	④

① → _____

② → _____

③ → _____

④ → _____

58. 나는 라틴어를 공부해야 한다.
Egō Latino studēre dēbeō. [에고 라티네 스투데레 데베오]

- Egō Latino studēre dēbeō.　　　나는 라틴어를 공부해야 한다.
- Tū Anglico studēre dēbēs.　　　너는 영어를 공부해야 한다.
- Ille chemiae studēre dēbet.　　　그는 화학을 공부해야 한다.
- Illa Hispanico studēre dēbet.　　그녀는 스페인어를 공부해야 한다..
- Nōs Sinico studēre dēbēmus.　　우리는 중국어를 공부해야 한다.
- Vōs physicae studēre dēbētis.　　너희들은 물리를 공부해야 한다.
- Illī Coreano studēre dēbent.　　　그들은 한국어를 공부해야 한다.
- Illae historiae studēre dēbent.　　그녀들은 역사를 공부해야 한다.
- Discipulī Ītalianico studēre dēbent.　　학생들은 이탈리아어를 공부해야 한다.

기억하기

① 'dēbeō 동사'는 조동사 역할을 하기 때문에 말하고자 하는 동사의 원형을 동반할 수 있다.

▫ **'dēbeō(~해야 한다)'** 동사 현재형.

	단수	복수
1인칭	dēbeō	dēbēmus
2인칭	dēbēs	dēbētis
3인칭	dēbet	dēbent

예) Egō īre dēbeō.
　　나는 가야 한다.
　　Nōs istīus taeniolam vidēre dēbēmus.
　　우리는 그 영화를 봐야 한다.

연습 문제

1) 다음을 라틴어로 옮기시오.

① 나는 마셔야 한다. → _____

② 너는 먹어야 한다. → _____

③ 그는 공부해야 한다. → _____

④ 우리는 도와야 한다. → _____

⑤ 너희들은 노래해야 한다. → _____

⑥ 그녀들은 봐야 한다. → _____

2) 다음의 빈칸을 채워 넣으시오.

▶ dēbeō 동사의 현재 변화형.

	단 수	복 수
1인칭	dēbeō	③
2인칭	①	④
3인칭	②	dēbent

① → _____

② → _____

③ → _____

④ → _____

59. 나는 라틴어 공부를 하고 싶다.
Egō studēre Latino volō. [에고 스투데레 라티네 워로]

• Egō studēre Latino volō.	나는 라틴어를 공부하고 싶다.
• Egō studēre Graeco nōlō.	나는 그리스어를 공부하고 싶지 않다.
• Egō studēre Anglico mālō.	나는 영어를 더 공부하고 싶어한다.
• Tū ambulāre vīs.	너는 걷고 싶어한다.
• Tū ambulāre nōn vīs.	너는 걷고 싶어하지 않는다.
• Tū ambulāre māvīs.	너는 더 걷고 싶어 한다.
• Illa mathēmaticae studēre vult.	그녀는 수학을 공부하고 싶어한다.
• Illa mathēmaticae studēre nōn vult.	그녀는 수학을 공부하고 싶어하지 않는다.
• Illa mathēmaticae studēre māvult.	그녀는 수학을 더 공부하고 싶어한다.
• Nōs cantāre volumus.	우리는 노래를 부르고 싶다.
• Nōs cantāre nōlumus.	우리는 노래를 부르고 싶지 않다.
• Nōs cantāre mālumus.	우리는 노래를 더 부르고 싶다.
• Vōs īre vultis.	너희들은 가고 싶어한다.
• Vōs īre nōn vultis.	너희들은 가고 싶어하지 않는다.
• Vōs īre māvultis.	너희들은 더 가고 싶어 한다.
• Illī nōs iuvāre volunt.	그들은 우리를 돕고 싶어한다.
• Illī nōs iuvāre nōlunt.	그들은 우리를 돕고 싶어하지 않는다.
• Illī nōs iuvāre mālunt.	그들은 우리를 더 돕고 싶어한다.

기억하기

① 'volō 동사'는 조동사 역할을 하기 때문에 말하고자 하는 동사의 원형을 동반할 수 있다. 이 동사의 '부정형(nōlō)', '비교급 형태(mālō)'의 형태도 특이한 변이형으로써 함께 암기해야 한다.

□ 'volō(~하고 싶어하다)' 동사 현재형.

	단수	복수
1인칭	volō	volumus
2인칭	vīs	vultis
3인칭	vult	volunt

예) Egō ad scholam īre volō.
　　나는 학교에 가고 싶다.

② '부정형(nōlō)', '비교급 형태(mālō)'의 형태변화.

□ 'nōlō(~하고 싶어하지 않다)' 동사 현재형.

	단수	복수
1인칭	nōlō	nōlumus
2인칭	nōn vīs	nōn vultis
3인칭	non vult	nōlunt

□ 'mālō(더~하고 싶어하다)' 동사 현재형.

	단수	복수
1인칭	mālō	mālumus
2인칭	māvīs	māvultis
3인칭	māvult	mālunt

연습문제

1) 다음을 라틴어로 옮기시오.

　① 나는 마시고 싶다.　→ _____

　② 너는 먹고 싶다.　→ _____

　③ 그는 공부하고 싶다.　→ _____

　④ 우리는 돕고 싶다.　→ _____

　⑤ 너희들은 노래하고 싶다.　→ _____

　⑥ 그녀들은 보고 싶다.　→ _____

2) 다음의 빈칸을 채워 넣으시오.

▶ volō 동사의 현재 변화형.

	단 수	복 수
1인칭	volō	③
2인칭	①	④
3인칭	②	volunt

① → _____

② → _____

③ → _____

④ → _____

60. 만일 그가 이것을 한다면, 좋을 것이다.
Sī hōc faciet, bene erit. [시 혹 파치에트, 베네 에리트]

- Sī hōc faciet, bene erit. 만일 그가 이것을 한다면, 좋을 것이다.

  가정법 미래 : Sī + ~ 현재동사(= 미래동사) + ~, ~ + 미래동사 +~.

- Sī hōc facit, bene est. 만일 그가 이것을 하고 있다면, 좋다.

  가정법 현재 : Sī + ~ 현재동사 + ~, ~ + 현재동사 +~.

- Sī hōc faciebat, bene erat. 만일 그가 이것을 하고 있었다면, 좋았다.

  가정법 불완료과거 : Sī + ~불완료과거동사 + ~, ~ + 불완료과거동사 +~.

- Sī hōc fecit, bene fuit. 만일 그가 이것을 하였다면, 좋았었다.

  가정법 부정과거 : Sī + ~부정과거 동사 + ~, ~ + 부정과거 동사 + ~.

- Sī hōc faceret, bene esset. 만일 그가 이것을 했다면, 좋았을 텐데.

  가정법 과거 : Sī + ~접속법불완료과거 동사 + ~,
  ~ + 접속법불완료과거 동사 +~.[현재사실의 반대 의미]

- Sī hōc fecisset, bene fuisset. 만일 그가 이것을 했었다면, 좋았었을 텐데.

  가정법 과거완료 : Sī + ~접속법 대과거 동사 + ~,
  ~ + 접속법 대과거 동사 +~.[과거사실의 반대 의미]

기억하기

① 가정법은 조건문이라고 일컬어지는데, 주절에 표시되는 사실이나, 결론이 성립되기 위한 가정이나 제한을 나타내는 종속절을 나타내는 것을 의미한다.
  라틴어에서 가정문은 동사의 사용에서 영어나 다른 외국어와는 조금 다름으로 주의를 해야 한다.

② <u>가정법 미래</u> : 미래의 일에 관계 있는 가정문은 만일 그 일이 매우 명백하게, 또는 실현 가능한 추측으로 나타내는 경우에, 사용한다.

③ <u>가정법 불완료 과거와 부정과거</u> : 과거의 일에 대해 그 전제 조건문 안에 그 조건이 사실인지, 아닌지에 관해서는 아무것도 내포하고 있지 않는 경우, 귀결문에서 적당한 시제를 사용하는 경향이 있다.

④ <u>가정법과거와 과거완료</u> : 현재와 과거의 일에 대해, 사실에 반대되는 것을 나타내는 전제문을 사용하고, 귀결문에서 반대됨의 아쉬움을 내포하고 있다. 이 가정법에서는 반드시 '접속법'을 사용한다는 것에 주의를 한다.

연습문제

1) 다음을 한국어로 번역하시오.

① Sī hōc facit, bene est.

  → _____

② Sī hōc faceret, bene esset.

  → _____

③ Sī hōc fecisset, bene fuisset.

  → _____

연습문제 정답

▶ 1과

1) ① quattuor ② septem ③ ūndecim ④ quīndecim ⑤ ūndēvīgintī
2) ① 5 ② 8 ③ 16 ④ 18 ⑤ 20

▶ 2과

1) ① Ubi ② Ubi est -? ③ Estne museum? ④ Ubi scola est? ⑤ Ubi statio est?
2) ① es ② est ③ sumus ④ estis

▶ 3과

1) ① Quid ② Liber est. ③ Mensa est. ④ Sella est. ⑤ Casa est.
   ⑥ hoc / istud / illud .

▶ 4과

1) ① Quis ② Egō sum alumnus. ② Tū es alumnus. ③ Tū es alumna.
   ④ Ille(= Is) est alumnus. ⑤ Nōs sumus alumnī. ⑥ Vōs estis alumnī.
   ⑦ Illae(= Eae) sunt alumnae.

▶ 5과

1) ① Quanti ② constat ③ Quanti hoc constat?
   ④ Sēdecim euroos constat. ⑤ Decem dollaros constat.
2) ① 1킬로에 얼마입니까? ② 넥타이(= 스카프)는 얼마입니까?
   ③ 18 유로입니다. ④ 19 달러입니다.

▶ 6과

1) ① vīgintī unus ② triginta septem ③ quinquaginta sex
   ④ septuaginta ōcto ⑤ nonaginta novem
2) ① 46 ② 64 ③ 83 ④ 97 ⑤ 100

▶ 7과

1) ① Salvēte! ② Valēo! ③ Quid agis? ④ Optimē!
   ⑤ Sic tenuiter. ⑥ Multas gratias. ⑦ Pessimē!

⑧ Etiam!

▶ 8과

1) ① Quota hōra ② Quata hōra est? ③ Hōra secunda.
   ④ Hōra duodecima. ⑤ Hōra quīnta post merīdiem.
2) ① prīmus / prīma ② quārtus / quārta ③ quīntus / quīnta
   ④ septimus / septima ⑤ nōnus / nōna

▶ 9과

1) ① Hōra secunda cum quīnque (minūtis).
   ② Hōra quīnta cum dimidiā (hōra).
   ③ Hōra octāva cum quadrante.
   ④ Hōra ūndecima cum dōdrante.
   ⑤ Hōra prīma ante decem (minūtis).
2) ① 2시 15분이다. ② 오후 4시 15분이다.
   ③ 오전 5시 10분전이다.

▶ 10과

1) ① Libenter! ② Sine. ③ Mē paenitet.
   ④ Te obsecrō. ⑤ Numquam.
   ⑥ Probē dicis. ⑦ Bene sum.

▶ 11과

1) ① Quī diēs de hebdomas
   ② Quī diēs de hebdomas est hodiernus diēs?
   ③ Lūnae ④ Mārtis ⑤ Mercuriī ⑥ Iovis
   ⑦ Veneris ⑧ Saturni ⑨ Dominica

▶ 12과

1) ① Centum trēs ② Dūcentī vigintī septem
   ③ Quīngentī sexāginta novem ④ Septingentī quadrāginta quīnque

⑤ mīlle

2) ① 358 ② 982 ③ 479 ④ 1989 ⑤ 1605

▶ 13과

1) ① Egō sum Coreana. ② Ille(= Is) est Coreanus.
   ③ Tū es Hispanus. ④ Illa(= Ea) est Hispana.
   ⑤ Egō sum Coreanus.

▶ 14과

1) ① Nōs sumus Coreanae. ② Vōs estis Italiacae.
   ③ Nōs sumus Hispanī. ④ Illī sunt Coreanī.
   ⑤ Illae sunt Hispanae.

▶ 15과

1) ① Ubī es tū? ② Ille est in domum. ③ Illa est in bibliothēca.
   ④ Egō sum in schola. ⑤ Tū es in casa.

▶ 16과

1) ① Ubī illae sunt? ② Nōs sumus in officina.
   ③ Vōs estis in macello. ④ Illī sunt in autocineto.
   ⑤ Nōs sumus in caupona.
2) ① 학교 주위에 ② 광장 쪽에 ③ 조국 때문에
   ④ 집 밖에 ⑤ 스페인에 대항하여

▶ 17과

1) ① Ubī est sella? ② Ubī est saccus? ③ Ubī est tabula?
   ④ Ubī est schola? ⑤ Ubī est dictionarium?
2) ① 책상 아래 ② 책상 가까이 ③ 침대 위에 ④ 창문 앞에
   ⑤ 라디오와 문 사이에 ⑥ 선생님 앞에 ⑦ 길 건너에

▶ 18과

1) ① Quaesō. ② Cūr nōn valēs? ③ Fatīgātus sum. ④ Quis tū es?
   ⑤ Nēscio. ⑥ Suāve tē cognōscere est.

▶ 19과

1) ① Quī diēs de mēnsi est hodiernus diēs?
   ② mensis Jānuārii ③ mensis Maii ④ mensis Augusti
   ⑤ mensis Octōberi ⑥ mensis Decemberi
   ⑦ diē prīmi ⑧ diē quārti decimi
2) ① 8월 19일 ② 1월 11일 ③ 11월 말일
   ④ 4월 2일 ⑤ 12월 30일

▶ 20과

1) ① 1, 2, 4, 6, 8, 9, 11, 12월 ② prīdiē ③ postrīdiē
   ④ Kalendāe ⑤ Nōnae ⑥ Īdūs
2) ① 2월 4일 ② 4월 14일 ③ 12월 29일
   ④ 4월 10일 ⑤ 1월 11일

▶ 21과

1) ① 3, 5, 7, 10월 ② Hodiē est Kalendāe Maiae.
   ③ Hodiē es Kalendāe Jūliae.
   ④ Prīdiē Īdūs Octōbres est.
   ⑤ Diēs tertius ante Kalendāe Maiae est.

▶ 22과

1) ① duo mīlia ② novem mīlia ③ decem mīlia ④ centum mīlia
   ⑤ deciēs centēna mīlia ⑥ billio

▶ 23과

1) ① Quō ② Quō tū is? ③ Quō illa it?
   ④ Ille it ad silvam. ⑤ Egō eō ad lūdum.

2) ① is ② it ③ imus ④ itis

▶ 24과

1) ① Nōs imus ad lūdum. ② Vōs itis ad hortum.
   ③ Illī eunt ad sēminārium. ④ Illae eunt villam.
   ⑤ Nōs imus ad Hispanum..

▶ 25과

1) ① Unde ② Unde tū es? ③ Ille est Coreanus.
   ④ Illa est Japonia. ⑤ Tū es Sinica.
2) ① 너희들은 어디 출신이니? ② 우리들은 이탈리아인들이다.
   ③ 그녀들은 일본사람들이다. ④ 너희들은 스페인 사람(女)들이다.
   ⑤ 그들은 프랑스사람들이다.

▶ 26과

1) ① Egō veniō. ② Tū venīs. ③ Illa venit.
   ④ Amīcus venit. ⑤ Amīca venit ad lūdum.
2) ① venīs ② venit ③ venīmus ④ venītis.

▶ 27과

1) ① Egō veniō a lūduo. ② Illa venit ab horto.
   ③ Tū venīs ab oppido. ④ Illae veniunt a bibliothēca.
   ⑤ Nōs venīmus ab Incheon.

▶ 28과

1) ① liber meus ② rosa mea ③ liber tuus ④ rosa tua
   ⑤ liber eius ⑥ rosa eius
2) ① tuus ② eius ③ mea ④ tua ⑤ meum ⑥ eius

▶ 29과

1) ① liber noster ② rosa nostra ③ liber vester ④ rosa vestra

⑤ liber eōrum ⑥ rosa eōrum

2) ① vester ② eōrum ③ nostra ④ vestra ⑤ nostrum ⑥ eōrum

▶ 30과

1) ① Egō Latine loquor. ② Tū Latine lōqueris. ③ Illa Latine lōquitur.
   ④ Nōs Anglice lōquimur. ⑤ Vōs Anglice lōquīmini.
   ⑥ Illī Anglice loqūuntur.

2) ① 스페인어로 ② 독일어로 ③ 프랑스어로 ④ 중국어로 ⑤ 일본어로.

▶ 31과

1) ① Egō edō panem. ② Tū edis panem. ③ Illa edit panem.
   ④ Nōs edimus caseum. ⑤ Vōs editis caseum.
   ⑥ Illī edunt caseum.

2) ① 그녀들은 포도를 먹습니다. ② 너희들은 배를 먹는다.
   ③ 우리는 과자를 먹습니다. ④ 그들은 바나나를 먹습니다.
   ⑤ 너는 사과를 먹는다.

▶ 32과

1) ① Quam ② Quam nātiōnem tū incolis? ③ Quam cīvītas ille incolit?
   ④ Quam oppidum vōs incolitis? ⑤ Egō incolō Busan.

2) ① incolis ② incolit ③ incolimus ④ incolunt

▶ 33과

1) ① māter ② parentes ③ avus ④ frāter ⑤ patruēlis ⑥ Nepōs ⑦ propinqui

2) ① 자식들 아들들 ② 조부모님 ③ 자매들 ④ 사위 ⑤ 며느리 ⑥ 친척들

▶ 34과

1) ① Quid ② Quid tū habēs? ③ Quid illa habet?
   ④ Quid vōs habētis? ⑤ Quid illī habent?

2) ① 나는 장미를 가지고 있다. ② 그는 편지를 가지고 있다.
   ③ 우리는 주사위를 가지고 있다. ④ 그녀들은 금을 가지고 있다.

⑤ 나는 은을 가지고 있다.

▶ 35과

1) ① Quantam ② Quantam pecuniam ③ nihil ④ nūllus
   ⑤ Ille habet euroos centum.
2) ① 우리는 돈을 가지고 있지 않다. ② 우리는 돈을 엄청나게 가지고 있다.
   ③ 하늘 아래에 어느 것도 계속 있지 못한다.

▶ 36과

1) ① Quot ② Quot librōs ③ Quot saccōs ④ Tū habēs sex librōs.
   ⑤ Illī habent decem saccōs.
2) ① 그들은 각각 11개의 신발을 가지고 있다.
   ② 도서관은 10만 권의 책을 가지고 있다.
   ③ 너희들은 70벌의 셔츠를 가지고 있다.

▶ 37과

1) ① Quālis ② Quālis scrība ③ Quālis librum
   ④ Quāles discipulōs ⑤ Quāles magistrīs
2) ① 난 지혜로운 비서를 데리고 있다. ② 그녀는 유용한 책을 가지고 있다.
   ③ 그녀들은 용기있는 학생들을 가르친다.
   ④ 그들은 공평한 선생님에게 배운다.

▶ 38과

1) ① quantus ② Quot pennas ③ Quot paginas
   ④ quantam aquam ⑤ Quot sellas
2) ① 그녀는 그렇게 큰 의자를 옮긴다. ② 나의 집은 7개의 방을 가지고 있다.
   ③ 너의 책은 110페이지의 분량이다.

▶ 39과

1) ① Quandō ② Quandō tū īs? ③ Quandō ille it?
   ④ Quandō illae eunt? ⑤ Nōs īmus merīdiē.

2) ① 그들은 내일 간다. ② 나는 조금 후에 간다.
   ③ 너희들은 곧(당장) 간다.
3) ① īs ② it ③ īmus ④ eunt

▶ 40과

1) ① cūr ② Cūr nōn tū edis? ③ Illa jam edēbat.
   ④ Nōs edēbāmus affatim. ⑤ Illī edēbant paulum.
   ⑥ Nōs nōn edēbāmus multum. ⑦ Egō victūs rationem observō.
2) ① edēbās ② edēbat ③ edēbāmus ④ edēbant
   ⑤ habēbis ⑥ habēbit ⑦ habēbāmus ⑧ habēbitis.

▶ 41과

1) ① hic / haec / hōc ② iste / ista / istud ③ ille / illa / illud
2) ① 너희들의 책들이 이것들이다. ② 우리들의 책들이 그것들이다.
   ③ 그(녀)들의 책들이 저것들이다.

▶ 42과

1) ① mihī ② tibī ③ illī ④ nōbīs ⑤ vobīs ⑥ illīs
2) ① 나는 그(녀)들에게 선물을 준다. ② 그녀는 나에게 선물을 준다.
   ③ 우리는 너에게 선물을 준다.
3) ① dās ② dat ③ dāmus ④ dant

▶ 43과

1) ① Quōmodo ② Quōmodo tempestās est?
   ③ Tempestās est nebulōsa. ④ Tempestās est serēna.
   ⑤ Tempestās est foeda.
2) ① 날씨가 덥다. ② 날씨가 건조하다. ③ 날씨가 온난하다.
   ④ 날씨가 습하다. ⑤ 날씨가 뜨겁다.

▶ 44과

1) ① Eāmus! ② Loquamur! ③ Cantēmus!

④ Purgēmus! ⑤ terminēmus!
2) ① amēs ② amet ③ amēmus ④ ament
⑤ studeās ⑥ studeat ⑦ studeāmus ⑧ studeatis

▶ 45과

1) ① Cui tū studēs? ② Egō Latine studēre dēbeō.
③ Physicam ④ Publicarum opum scientiam ⑤ chemiam
2) ① dēbēs ② dēbet ③ dēbēmus ④ dēbent

▶ 46과

1) ① Quot annōs ② Quot annōs ille habet? ③ Quot annōs illae habent?
④ Nōs habēmus ūndēvīgintī annōs. ⑤ Egō habeō vīgintī annōs.

▶ 47과

1) ① Quis ② Quis edit hoc? ③ Vōs edistis istud.
④ Illī ederunt ille. ⑤ Nōs edimus pannem.
2) ① edistī ② edit ③ edimus ④ ederunt

▶ 48과

1) ① Cuius ② meī ③ tuī ④ illīus / illīus ⑤ nostrī
⑥ vestrī ⑦ illōrum / illārum

▶ 49과

1) ① quem ② mē ③ tē ④ illum ⑤ illam ⑥ nōs ⑦ vōs ⑧ illōs ⑨ illās
2) ① īsidieris ② insiditur ③ īsidimur ④ īnsidiuntur ⑤ exspectās ⑥ exspectat
⑦ exspectāmus ⑧ exspectant

▶ 50과

1) ① Suāvis est. ② Amārus est. ③ Dulcis est. ④ Ācer est
⑤ Acerbus est. ⑥ Īnsulsus est. ⑦ Salsus est.

▶ 51과

1) ① alta ② brevis ③ pinguis ④ gracilis ⑤ magna ⑥ parva
2) ① 건물이 넓다. ② 거울이 길다. ③ 바다가 깊다.

▶ 52과

1) ① mēcum ② tēcum ③ cum illō ④ cum illā ⑤ nōbiscum ⑥ vōbiscum .
   ⑦ illīs ⑧ illīs
2) ① 너의 아버지는 나와 함께 영화관에 간다.
   ② 그녀는 직접 우산을 가져왔다.
   ③ 그녀들은 우리와 함께 수영장에 간다.

▶ 53과

1) ① Vivat! ② O magna vīs vēritātis! ③ Bēne tē! ④ Cuantus gaudium!
2) ① 아이고 내 팔자야! ② 오 비참한 사실이여! ③ 멋진 연설이다!

▶ 54과

1) ① quam ② altior / magnior ③ brevior / parvior ④ humilior
   ⑤ minus altus / minus magnus ⑥ minus brevis / minus parvus

▶ 55과

1) ① benignē ② ārdentere ③ apertē ④ penitus ⑤ grātīs
2) ① tractās ② tractat ③ tractāmus ④ tractant ⑤ colloqueris
   ⑥ colloquitur ⑦ colloquimur ⑧ colloquiminī ⑨ laborō ⑩ laborat
   ⑪ laborāmus ⑫ laborātis

▶ 56과

1) ① occupātissimus ② doctissimus ③ juncundissimus
   ④ loquacissimus ⑤ indoctissimus

▶ 57과

1) ① Egō potāre possum. ② Tū edere potes. ③ Ille studēre potest.

④ Nōs iuvāre possumus. ⑤ Vōs cantāre potestis. ⑥ Illae vidēre possunt.
2) ① potes ② potest ③ possumus ④ possunt

▶ 58과

1) ① Egō potāre dēbeō. ② Tū edere dēbēs. ③ Ille studēre dēbet.
　④ Nōs iuvāre dēbēmus. ⑤ Vōs cantāre dēbētis. ⑥ Illae vidēre dēbent.
2) ① dēbēs ② dēbet ③ dēbēmus ④ dēbētis

▶ 59과

1) ① Egō potāre volō. ② Tū edere vīs. ③ Ille studēre vult.
　④ Nōs iuvāre volumus. ⑤ Vōs cantāre vultis. ⑥ Illae vidēre volunt.
2) ① vīs ② vult ③ volumus ④ vultis

▶ 60과

1) ① 만일 그가 이것을 하고 있다면, 좋다. ② 만일 그가 이것을 했다면, 좋았을 텐데.
　③ 만일 그가 이것을 했었다면, 좋았었을 텐데.

부록 1

관용어

• Ab initio	처음부터
• Ab urbe condīta	도시의 빌딩으로 부터
• Ad finem	마지막까지
• Ad hōc	이러한 목적을 위해서
• Ad īnfīnītum	무한히
• Ad interim	이럭저럭 하는 동안에
• Ad libitum	하고 싶은대로
• Ad litteram	문자 그대로, 정확히
• Ad referendum	더 더욱 심사숙고하기 위하여
• Ad rem	그 목적까지, 그 점까지
• Adsum.	저 출석했어요. 여기요!
• Ad valorem	그 가치(금액)에 따라서
• A fortiori	더 강력한 이유로
• Aliās	그렇지 않다면
• Alma māter	학교, 대학교
• Alter egō	또 다른 나
• Alter idem	또 다르게 정확히 유사한
• Alumnus (fem. Alumna)	대학 졸업생 또는 대학교 재학생
• Amor patriae	조국에 대한 사랑
• Annō Dominī	서기 I
• Annō urbis conditae	도시가 세워진 때(연도)
• Ante bellum	전쟁 전에
• Ante merīdiem	오전

• Ante mortem	사후(死後)
• Artium magister	석사(碩士)
• Bona fidēs	좋은 신념
• Cāsūs bellī	전쟁을 일으키는 것
• Causa sine quā nōn	필수 불가결한 조건
• Cēteris paribus	똑같은 다른 것들
• Cōgitō, ergō sum.	난 생각한다, 고로 나는 존재한다.
• Cūi bono?	누구의 이익을 위해? 무슨 목적에?
• Cum grāno salis	소금 한 알갱이를 가지고
• De facto	사실, 실제로
• Dei grātia	하나님의 은총에 의해
• De jūre	법으로부터, 권리에 의해
• De novō	다시 한번, 새로이
• Deo grātias	하나님의 덕택에
• Deo volēnte	하나님이 즐겨하시는
• De profundis	깊은 구렁에 빠진, 이해가 안 되는
• Deus Ex Māchina	초자연의 힘
• Deus vōbiscum.	당신과 함께 하시는 하나님
• Docendo discumus.	우리는 가르침에 의해 배운다.
• Dominus vōbiscum.	당신과 함께하는 하나님
• Dramatis persōnae	연극의 인물들
• Dulce et decōrum est pro patria mori.	자신의 국가를 위해 죽는 것은 달콤하고, 영광된 것이다.
• Ēmeritus	오랜 근무이후에 은퇴한

- Ē plūribus ūnum　　　　　　　여럿 중에 하나
- Et cētera　　　　　　　　　　기타 등등
- Et tū, Brūte!　　　　　　　　그리고 너는 역시나 부루투스(Ceasar의 암살에 가담)
- Ex cathedra　　　　　　　　　의장, 즉 권위를 가진 의장으로부터
- Excelsior　　　　　　　　　　앞으로 그리고 더위로 (계속해서 더 높게)
- Exeunt; exit.　　　　　　　　그들은 나간다; 그(녀)는 나간다
- Ex officiō　　　　　　　　　 자리(위치)의 힘으로
- Ex tempore　　　　　　　　　 순간적인 충동으로
- Festīna lentē.　　　　　　　　천천히 재촉하다
- Fiat lūx.　　　　　　　　　　그곳에 빛이 있으라
- Fideī dēfēnsor　　　　　　　 신념의 수호자
- Fidēs Pūnica　　　　　　　　 배신(퓨닉;카르타고 인)의 신념 즉, 변절.
- Fīdus Achātēs　　　　　　　　신의있는 아카테스, 즉 진실한 친구
- Fortiter in re　　　　　　　　행동에 있어서 결의가 굳은
- Fortūna fortibus favet.　　　　행운은 용감한 자들에게 호의적이다.
- Glōria in excelsis Deo.　　　　가장 높은 곳에서 하나님께 영광(이 있다.)
- Glōria Patrī　　　　　　　　　하나님(아버지)께 영광(이 있다.)
- Habeās corpus　　　　　　　　몸을 가지라
- Id est.　　　　　　　　　　　바로 그것이다.
- In extrēmis　　　　　　　　　죽음의 시점
- Īnfrā dignitāem　　　　　　　체면 깎는 일
- In locō pārentis　　　　　　　부모의 위치에서
- In memoriam　　　　　　　　 ~을 기념하여

• In perpetuum	영원히
• In situm	원래 위치에서
• In statum quō	앞쪽 상황에서
• Inter aliā	다른 것들 중에
• Inter nōs	우리 자신들 사이에서
• In tōto	전체적으로
• Ipse dixit.	그 스스로가 그것을 말했다.
• Ipso facto	진실 그 자체 속에서
• Jūs dīvīnum	신성한 법
• Jūs gladiī	검(투사)의 법
• Labor omnia vincit.	노력(동)이 모든 것을 차지할 수 있다.
• Lāpsus linguae	말 실수
• Lāpsus memoriae	착각
• Laus Deo.	하나님께 찬양하라
• Māgna est vēritās et prevalēbit.	진실은 강력하며, 이겨낼 것이다.
• Māgnum opus	위대한 작품
• Male fidē	신임할 수 없게; 배반하는
• Mēns sāna in corpore sāno	건전한 신체에 건전한 정신
• Meum et tuum	나의 것과 너의 것
• Mīrābile dictu	놀라운 이야기
• Modus operandi	일(작업)의 방식
• Multum in parvo	작으나 내용이 풍부함
• Mūtātis mūtāndis	필요한 변경을 가하여

• Nē plūs ultrā	완전, 더 이상 필요 없는 것
• Nīl dēspērandum.	결코 절망하지 않는 것
• Nōlen volens	좋든 싫든 간에
• Nōn compos mentis	건전한 정신에 속하지 않는
• Nōn sequitur.	따라가지 마라
• Nota bene.	주의하라
• Obiit.	그(녀)는 죽었다.
• Obiter dictum	부수적 의견
• Ora prō nobīs.	우리를 위해 기도하라
• Ore rotundo	목청껏
• Pari passu	똑같은 속도[진도]로; 차근차근
• Pāssim	어디에나, 도처에
• Pāternoster	주기도문
• Pātres cōnscrīptī	징집된 원로원 의원
• Pāx vobīscum.	그대들에게 평화가 있으라
• Per annum	한 해에
• Per capita	일 인당
• Per contra	반대로; 거꾸로
• Per centum	퍼센트 당
• Per diem	하루에
• Per sē	스스로 고려할 때
• Post merīdiēm	오후에
• Post mortem	사후(死後)에

• Post scrīptum	추신
• Prō bono pūblico	국민의 이익을 위해
• Prō et contrā	찬성과 반대
• Prō pātria	조국을 위해
• Prō tempore	당분간, 우선은
• Quantum libet	당신을 기쁠 만큼
• Quantum sufficit	충족시킬 만큼
• Quid prō quo	답례의 어떤 것
• Quō ad hōc	이에 관해서는, 여기까지는
• Quō vādis?	누구에 의해 당신은 가는가?
• Quod erat dēmōnstrāndum.	증명되었어야 했던 것
• Quod erat faciendum	행해져야 했던 것
• Requiēscat in pāce.	그대여 평화 속에서 쉬라(잠들라).
• Semper fidēlis	항상 충실한
• Semper īdem	항상 똑같은
• Semper parātus	항상 준비된
• Sīc semper tyrannis!	전제군주에게는 그렇게 영원한
• Sīc trānsit glōria mundi.	그래서 이 영광의 세계도 사라진다.
• Sine cura	보살핌 없이
• Sine die	지정된 날짜 없이
• Sine quā nōn	그것 없이는 안 되는
• Splendide mendāx	선의의 거짓말
• Sub jūdice	고려 중에

• Sub poena (subpoena)	형벌의 조건으로
• Sub rosa	사적으로
• Suī generis	자신만의 특별한 종류의
• Summum bonum	최고의 선(善)
• Tē deum laudāmus.	우리는 하나님 당신을 찬양합니다.
• Tempus fugit.	시간은 흘러간다.
• Terra firma	굳은 땅
• Tertium quid	제 3의 것, 이것도 저것도 아닌, 중간치
• Tū quoque	너 역시
• Ultimatum	최후통첩
• Ultrā vires	힘이 미치지 않는
• Ut īnfrā	아래와 같이
• Ut suprā	위와 같이
• Vae victis!	정복당한 괴로움!
• Venī; vīdī; vīcī.	왔노라, 봤노라, 이겼노라.
• Verbatim et litteratim	문자그대로, 축어적으로
• Verbum sat sapiēntī.	현명한 자들에게는 한마디면 충분하다.
• Vēritās vōs līberābit.	진실은 너를 자유롭게 만들어 줄 것이다.
• Vice versā	반대로, 역으로
• Vī et armis	힘과 무기로
• Vīta brevis, ars longa.	인생은 짧고, 예술은 길다.
• Vīva voce	구두로, 말로
• Vōx populī, vōx Deī.	사람들의 목소리는 신의 목소리이다.

부록 2

주제별 단어 정리

1 사람의 몸(명사 주격)

가슴	n. pectus, −ōris		어깨	m. humerus, −ī
귀	f. auris, −is		얼굴	f. faciēs, −ēī
눈	m. oculus, −ī		육체	n. corpus, −oris
다리	n. femur, −ōris		이마	m. frōns, −tis
머리	n. caput, −itis		이빨	m. dēns, dentis
머리카락	m. capillus, −ī		위	m. stomachus, −ī
목	n. collum, −ī		입	n. ōs, ōris
배	m. venter, −ris		입술	n. labrum, −ī
볼	n.pl. tempora, −um		코	m. nāsus, −ī
뼈	n. os, −ossis		코	m. odōrātus, −ūs
손	f. manus, −ūs		턱	n. mentum, −ī
손바닥	f. palma, −ae		팔	n. bracchium, −ī
손톱	m. unguis, −is		피부	f. carō, −nis
신장	m.pl. rēnēs, −um		혀	f. lingua, −ae
심장	n. cor, cordis			

2 기분(명사 주격)

갈증	f. sitis, −is		불면	n. īnsomnium, −ī
걱정, 근심	f. anxietās, −ātis		사랑	m. amor, −ōris
걱정, 근심	f. trīstitia, −ae		식욕부진	n. taedium, −ī
고통	m. dolor, −ōris		우울	m. maeror, −ōris
관심	f. cūra, −ae		웃음	m. fisus, −ūs
근심	m. angor, −ōris		잠	n. somnium, −ī
기쁨	n. gaudium, −ī		즐거움	f. laetitia, −ae
두려움	m. timor, −ōris		질투	f. invidia, −ae
배고픔	f. famēs, is		포만	f. saturitās, −ātis
분노	f. īra, −ae			

3 사람(명사 주격)

한국어	라틴어	한국어	라틴어
나이, 시대	*f.* aetās, −ātis	소년	*m.* puer, puerī
남자, 사람	*m.* vir, virī	소년시대	*f.* perītia, −ae
노년시대	*f.* senecta, ae	아이, 유아	*m.* īnfāns, −antis
노인	*m.* senex, −is	여인	*f.* fēmina, −ae
부인	*f.* mulier, −eris	유아시대	*f.* īnfañtia, −ae
사람	*m.* homō, −inis	젊은이	*m.* juvenis, −is
사춘기	*f.* adolēscentia, −ae	처녀	*f.* virgō, −inis
소녀	*f.* puella, −ae	청년시대	*f.* juventa, −ae

4 가족(명사 주격)

한국어	라틴어	한국어	라틴어
가족	*f.* familia, −ae	자매	*f.* soror, −ōris
딸	*f.* fīlia, −ae	장인	*m.* socer, −erī
며느리	*f.* nurus, −us	조카	*m.* nepōs, −ōtis
부모	*m.pl.* parentes, −um	증조모	*f.* proavuia, −ae
사위	*m.* gener, eri	증조부	*m.* proavus, −ī
삼촌	*m.* patruus, −ī	친척	*m.pl.* propinqui, −ōrum
손녀	*f.* neptis, is	할머니	*f.* avia, ae
손자	*m.* nepōs, −ōtis	할아버지	*m.* avus, −ī
아들	*m.* fīlius, −ī	형제	*m.* frāter, −tris
아버지	*m.* pāter, pātris		
어머니	*f.* māter, mātris		

5 집(명사 주격)

계단	*f.*pl. scālae, ārum	작은 방	*n.* conclāve, –is
기둥	*f.* columna, –ae	정원	*f.* ārea, –ae
담	*m.* mūrus, –ī	지붕	*n.* tēctum, –ī
대문	*f.* porta, –ae	집	*f.* domus, –us
도서관, 서재	*f.* bibliothēca, –ae	창문	*f.* fenestra, –ae
마루	*n.* tabulatum, –ī	초가집	*f.* casa, –ae
벽	*m.* pariēs, –etis	화장실	*f.*pl. lātrinae, –ārum
부엌	*f.* culīna, –ae		

6 학교(명사 주격)

가르침	*f.* doctrīna, –ae	종이	*m.* papȳrus, –ī
공부	*n.* studium, –ī	책	*m.* liber, –brī
규율	*f.* disciplīna, –ae	책상	*f.* mēnsa, –ae
글자	*f.* lettera, –ae	칠판	*f.* tabula. –ae
분필	*f.* crēta, –ae	페이지	*f.* pāgina, –ae
선생님	*m.* magister, –trī	펜	*f.* penna, –ae
의자	*f.* sella, –ae	학교	*f.* schola, –ae
잉크	*n.* ātrāmentum, –ī	학생, 제자	*m.* discipulus, –ī
자	*f.* rēgula, –ae		

7 먹는 것(명사 주격)

계란	*n.* ōvum, –ī	기름(올리브)	*n.* oleum, –ī
고기	*f.* carō, carnis	돼지고기	carō suilla
과자	*n.* crūstulum, –ī	맥주	*n.* zythun, –ī

물	*f.* aqua, –ae		소시지	*n.* tomāculum, –ī
밥, 쌀	*f.* oryza, –ae		술, 포도주	*n.* vīnum, –ī
버터	*n.* butyrum, –ī		우유	*n.* lac, lactis
빵	*m.* pānis, –is		음식	*m.* cibus, –ī
설탕	*n.* saccharum, –ī		치즈	*m.* cāseum, –ī
소고기	carō būbula		커피	*n.* cafeum, –ī
소금	*m.* sāl, salis		후추	*n.* piper, –eris

8 식당(명사 주격)

냄비	*f.* sartāgō, –inis		접시	*m.* lānx, –cis
병	*f.* lagēna, –ae		집게	*f.* forceps, ipis
수건	*n.* mantēle, –is		칼	*m.* culter, –trī
숟가락	*n.* cochleār, –āris		큰잔	*f.* phiala, ae
술잔	*n.* pōcillum, –ī		큰접시, 쟁반	*m.* catīnus, –ī
식당	*n.* coenaculum, –ī		포크	*f.* fūscinula, –ae
잔	*f.* gabata, –ae		화로	*m.* foculus, –ī

9 시간(명사 주격)

15분	quadrans hōrae		분	*f.* minūta, –ae
30분	semi–hōra		새벽	*f.* aurōra, –ae
45분	dōdrans hōrae		세기	*n.* saeculum, –ī
그저께	nudius tertius		시각	*f.* hōra, –ae
내일	postrīdiē		시간	*n.* tempus, –oris
달(月)	*m.* mensis, –ī		아침	manē
모레	perendiē		어저께	prīdiē
밤	*f.* nox, noctis		연(年)	*m.* annus, –ī

오전	antemerīdianum tempus		저녁	*m.* vesper, −eris
오후	posmerīdianum tempus		정오	merīdiēs, −eī
일(日)	*m..* diēs, −eī		초	*f.* secunda, −ae
일주일	*f.* hebdomada, −ae			

10 날씨(명사 주격)

가을	*m.* autumnus, −ī		비	*f.* pluvia
겨울	*f.* hiems, hiemis		서리	*n.* gelu, −ūs
공기	*m.* āēr, āeris		소나기	*f.* imber, −bris
구름	*f.* nūbēs, −is		얼음	*f.* glaciēs, −ēī
날씨	*f.* tempestās, −ātis		여름	*f.* aestās, −ātis
눈	*f.* nix, nivis		열, 더위	*m.* calor, −ōris
바람	*m.* ventus, −ī		우박	*f.* grandō, −inis
번개	*n.* fulgur, −uris		이슬	*m.* rōs, rōris
봄	*n.* vēr, vēris		추위	*n.* frīgus, −oris

11 과일과 야채(명사 주격)

가지	sōlānum lycopersium		배	*n.* pirum, −ī
감자	*n.* sōlanum edūle		배추	*f.* brassica, −ae
고추	*f.* piperitis, −idis		버섯	*n.* fungus, −ī
과일	*m.* frūctus, −ūs		복숭아	*n.* perisicum, −ī
당근	*f.* carota, −ae		사과	*f.* mālus, −ī
마늘	*n.* allium, −ī		생강	*n.* zingiber, eris
무	*m.* nāpus, −ī		석류	*n.* granatum, −ī
바나나	*f.* ariena, −ae		수박	*m.* melopepo, −onis

시금치	*f.* spīnacia, –ae		자두	*f.* prūnum, –ī
앵두	*n.* cerasum, –ī		파	*f.* cepula, ae
야채	*f.* olera, –ae		포도	*f.* ūva, –ae
양파	*f.* caepa, –ae		호두	*f.* nux, nucis
오이	*f.* cucumis, –is		호박	*f.* cucurbita, –ae
올리브	*f.* olīva, –ae			

12 꽃(명사 주격)

국화	*n.* chrysantemum, –ī		물망초	*n.* hemerocalles, –is
꽃	*m.* flōs, –ōris		백합	*n.* līlium, –ī
데이지	*f.* bellis, –idis		장미	*f.* rosa, –ae
등잔화	*f.* caltha, –ae		제비꽃	*f.* siola, –ae
라일락	*n.* lecoion, –ī		해바라기	*n.* heliotropium, –ī
모란	*f.* poeonia, –ae			

13 동물(명사 주격)

개	*m.* canis, –is		동물	*n.* animal, –ālis
고양이	*f.* fēlēs, –is		돼지	*m.* porcus, –ī
곰	*m.* ursus, –ī		말	*m.* equus, –ī
까마귀	*m.* corvus, –ī		백조	*m.* cycnus, –ī
까치	*f.* pīca, –ae		비둘기	*f.* columbus, –ī
낙타	*m.* camēlus, –ī		사슴	*m.* cervus, –ī
노새	*m.* mūlus, –ī		사자	*m.* leō, leōnis
늑대	*m.* lupus, –ī		새	*f.* avis, –is
독수리	*f.* aquila, –ae		소, 황소	*m.* bōs, bovis

송아지	*m.* vitulus, −ī	제비	*f.* hirundō, −inis
수탉	*m.* gallus, −ī	코끼리	*m.* elephantus, −ī
암소	*f.* vacca, −ae	토끼	*m.* lepus, −oris
암탉	*f.* gallīna, −ae	학	*f.* grūs, −is
양	*m.* ovis, −is	호랑이	*m.* tigris, −is
오리	*f.* anas, −atis	황소	*m.* taurus, −ī
원숭이	*m..* sīmius, −ī		

14 광물(명사 주격)

고무	*n.* gummi	보석	*f.* gemma, −ae
구리	*n.* cuprum, −ī	상아	*n.* ebur, −oris
금	*n.* aurum, −ī	수은	*m.* hȳdrargyrus, −ī
금속	*n.* metallum, −ī	은	*n.* argentum, −ī
납	*n.* plumbum, −ī	주석	plumbum candidum
대리석	*m.* marmor, −oris	진주	*f.* margarīta, −ae
돌	*m.* lapis, −idis	철	*n.* ferrum, −ī
동	*n.* aes, −aeris		

15 맛(형용사 주격)

기름진	pinguis, −is, −e	신	acidus, −a, −um
단	dulcis, −is, −e	싱거운	insulsus, −a, −um
떫은	acerbus, −a, −um	쓴	amārus, −a, −um
매운; 신	ācer, −cra, −crum	짠	salsus, −a, −um

16 감각(형용사 주격)

가벼운	levis, -is, -e	무거운	gravis, -a, -um
거친	asper, -era, -erum	부드러운	mollis, -is, -e
건조한	āridus, -a, -um	빠른, 민첩한	rapidus, -a, -um
건조한	siccus, -a, -um	뻣뻣한	rigidus, -a, -um
날카로운	acūtus, -a, -um	유연한	flexibilis, -is, -e
더딘, 지체하는	tardus, -a, -um	지루한	lentus, -a, -um
딱딱한	dūrus, -a, -um	차가운	frīgidus, -a, -um
뜨거운	calidus, -a, -um	축축한	hūmidus, -a, -um

17 방향(형용사 주격)

가까운	propinquus, -a, -um	멀리 떨어진	ulterior, -or, -us
가장 먼	ultimus, -a, -um	밖의	exterior, -or, -us
끝의	extrēmus, -a, -um	안의	interior, -or, -us
더 낮은	īnferior, -or, -us	앞의	anterior, -or, -us
더 높은	superior, -or, -us	옆의	proximus, -a, -um
뒤의	posterior, -or, -us	오른쪽의	dexter, -era, -erum
마지막의	īmus, -a, -um	왼쪽의	sinister, -tra, -trum

18 색(형용사 주격)

갈색의	āter, -tra, -trum	밝은	clārus, -a, -um
검은	niger, -gra, -grum	붉은	ruber, -bra, -brum
노란색의	flāvus, -a, -um	어두운	obscūrus, -a, -um

자주색	purpureus, -a, -um		파랑색의	caeruleus, -a, -um
주황의	rubicundus, -a, -um		흰	albus, -a, -um
초록색의	viridis, -is, -e			

19 시간부사

가끔	saepe		얼마동안	aliquandiū
갑자기	subitō		영원히	perpetuō
그동안에; 때때로	interdum		오늘	hodiē
그때, 당시	tum		오래	diū
그때부터	exinde		이미, 벌써	jam
근일 중에	propediem		이어서, 후에	deinceps
내일	crās		일년간	in annum
당장, 지금	in praesentia		자주	frequenter
때를 맞춰	in tempore		잠깐 동안	paulisper
마침내, 결국	dēmum		저녁때에	vespere
매년	in annō		전에	ante
매년	quotannīs		전에	antīquē
매일	in diēs		정오에	merīdiē
매일	quotīdiē		즉시, 곧	extemplō
모레	perendiē		지금	nunc
밤에	noctū		전에	abhinc
드디어, 마지막으로	jamjam		전에	antehāc
새벽에	dīlūculo		지금까지	eātenus
아직	adhūc		최근	modo
아침에	manē		하루동안	in diem
어제	herī		현재에	in praesentī
언제나	semper		후에	posteā

20 장소부사

–를 향해	versus	사방으로	quāquāversum
가까이	circā	속에	intus
곳곳이; 각처에	ubīque	아래로	deorsum
내부에	intrā	아래로	īnfrā
다른 곳에서	alibī, alicubi	안으로	intrōrsum
다른 장소로	aliōvorsum	양편에서	utrōque
둘레, 가까이	circum	어디서든지	quācumque
뒤에서; 뒤로	retrō	왼쪽에	sinistrē
멀리	longē	이쪽에	cia
멀리서	ēminus		

부록 3

문법정리
(명사, 형용사, 동사 변화표)

1 명사변화

1.1. 제1규칙변화 (한 가지 형태 참조)

- **Rosa** f. 장미

	단 수	복 수
주 격	ros**a**	ros**ae**
속 격	ros**ae**	ros**ārum**
여 격	ros**ae**	ros**īs**
대 격	ros**am**	ros**ās**
탈 격	ros**ā**	ros**īs**

※ 참조 : Anima(영혼), Dea(여신), Fīlia(딸), Famula(하녀)의 경우. 복수 여격과 탈격어미는 −īs 대신 −abus를 사용한다.

1.1.1. 제1불규칙변화(4가지 형태 참조)

※ 불규칙 명사 변화는 그리스어에서 유래된 어휘(이름)를 일컬음.

① **Aenēās** m. 아에네아스(Venus 여신과 영웅 Anchīsēs의 아들, Troja의 용사. Roma인들의 건국 시조라고 생각함)

	단 수	복 수
주 격	Aenēās	--
속 격	Aenēae	--
여 격	Aenēae	--
대 격	Aenēam	--
탈 격	Aenēā	--
호 격	Aenēā	--

② **Anchīsēs** m. 안치세스(Capys의 아들로 Venus 여신의 사랑을 받고 Aeneas의 아버지가 됨)

	단 수	복 수
주 격	Anchīsēs	--
속 격	Anchīsae	--
여 격	Anchīsae	--
대 격	Anchīsam	--
탈 격	Anchīsā	--
호 격	Anchīsā	--

③ **Pēnelopē** f. 페네로페(Icarus의 딸, Ulixes의 아내. 남편의 장기간 부재 중에도 끝내 정절을 지킴으로 유명함)

	단 수	복 수
주격	Pēnelopē	--
속격	Pēnelopēs	--
여격	Pēnelopae	--
대격	Pēnelopēn	--
탈격	Pēnelopē	--
호격	Pēnelopē	--

④ **Persēs** m. 페르세스(Sol과 요정 Persa의 아들, Hecata의 아버지)

	단 수	복 수
주격	Persēs	--
속격	Persae	--
여격	Persae	--
대격	Persēn	--
탈격	Persē	--
호격	Persē	--

1.2. 제2규칙변화 (8가지 형태 참조)

① **Sonus** m. 소리

	단 수	복 수
주 격	son**us**	son**ī**
속 격	son**ī**	son**ōrum**
여 격	son**ō**	son**īs**
대 격	son**um**	son**ōs**
탈 격	son**ō**	son**īs**

② **Puer** m. 소년

	단 수	복 수
주 격	puer	puer**ī**
속 격	puer**ī**	puer**ōrum**
여 격	puer**ō**	puer**īs**
대 격	puer**um**	puer**ōs**
탈 격	puer**ō**	puer**īs**

③ **Ager** m. 들판

	단 수	복 수
주 격	ager	agr**ī**
속 격	agr**ī**	agr**ōrum**
여 격	agr**ō**	agr**īs**
대 격	agr**um**	agr**ōs**
탈 격	agr**ō**	agr**īs**

④ **Vir** m. 남자.

	단 수	복 수
주격	vir	vir**ī**
속격	vir**ī**	vir**ōrum**
여격	vir**ō**	vir**īs**
대격	vir**um**	vir**ōs**
탈격	vir**ō**	vir**īs**

⑤ **Dōnum** n. 선물

	단 수	복 수
주격	dōn**um**	dōn**a**
속격	dōn**ī**	dōn**ōrum**
여격	dōn**ō**	dōn**īs**
대격	dōn**um**	dōn**a**
탈격	dōn**ō**	dōn**īs**

⑥ **Servus** m. 하인

	단 수	복 수
주격	serv**us**	serv**ī**
속격	serv**ī**	serv**ōrum**
여격	serv**ō**	serv**īs**
대격	serv**um**	serv**ōs**
탈격	serv**ō**	serv**īs**

⑦ **Fīlius** m. 아들

	단 수	복 수
주격	filius	filiī
속격	filiī	filiōrum
여격	filiō	filiīs
대격	filium	filiōs
탈격	filiō	filiīs

⑧ **Ingenium** n. 기술, 재능.

	단 수	복 수
주격	ingenium	ingenia
속격	ingeniī	ingeniōrum
여격	ingeniō	ingeniīs
대격	ingenium	ingenia
탈격	ingeniō	ingeniīs

1.2.1. 제2불규칙변화(4가지 형태 참조)

※ 불규칙 명사 변화는 그리스어에서 유래된 어휘(이름)를 일컬음.

① **Lesbos** f. 레스보스 (Aegoeum 해의 섬)

	단 수	복 수
주 격	Lesbos	--
속 격	Lesbī	--
여 격	Lesbō	--
대 격	Lesbon	--
탈 격	Lesbō	--
호 격	Lesbō	--

② **Athōs** m. 아토스 (Macedonia의 아주 높은 바위 산)

	단 수	복 수
주 격	Athōs	--
속 격	Athō	--
여 격	Athō	--
대 격	Athon (=Athonem)	--
탈 격	Athō	--
호 격	Athōs	--

③ **Īlion** n. 일리온 (고대 Troy이의 라틴어 명칭)

	단 수	복 수
주 격	Īlion	--
속 격	Īliī	--
여 격	Īliō	--
대 격	Īliōn	--
탈 격	Īliō	--
호 격	Īlion	--

④ **Panthūs** m. 판투스 (Troy에 있던 Apollo의 제관, Euphorbus의 아버지)

	단 수	복 수
주 격	Panthūs	--
속 격	Panthī	--
여 격	Panthō	--
대 격	Panthūn	--
탈 격	Panthō	--
호 격	Panthū	--

1.3. 제3규칙변화 (15가지 형태 참조)

① **Rēx** m. 왕

	단 수	복 수
주격	rēx	rēgēs
속격	rēgis	rēgum
여격	rēgī	rēgibus
대격	rēgem	rēgēs
탈격	rēge	rēgibus

② **Mīlis** m. 군인

	단 수	복 수
주격	mīles	mīlitēs
속격	mīlitis	mīlitum
여격	mīlitī	mīlitibus
대격	mīlitem	mīlitēs
탈격	mīlite	mīlitibus

③ **Prīnceps** f. (조직, 집단의) 장

	단 수	복 수
주격	prīnceps	prīncipēs
속격	prīncepis	prīncipum
여격	prīncepī	prīncipibus
대격	prīncepem	prīncipēs
탈격	prīncipe	prīncipibus

④ **Māter** f. 어머니

	단 수	복 수
주격	māter	mātrēs
속격	mātris	mātrum
여격	mātrī	mātribus
대격	mātrem	mātrēs
탈격	mātre	mātribus

⑤ **Hostis** m. 적(敵)

	단 수	복 수
주격	hostis	hostēs
속격	hostis	hostium
여격	hostī	hostibus
대격	hostem	hostēs
탈격	hoste	hostibus

⑥ **Custōs** m. 호위(자)

	단 수	복 수
주격	custōs	custōdēs
속격	custōdis	custōdum
여격	custōdī	custōdibus
대격	custōdem	custōdēs
탈격	custōde	custōdibus

⑦ **Vigil** m. 소방관

	단 수	복 수
주 격	vigil	vigilēs
속 격	vigilis	vigilum
여 격	vigilī	vigilibus
대 격	vigilem	vigilēs
탈 격	vigile	vigilibus

⑧ **Nox** f. 밤

	단 수	복 수
주 격	nox	noctēs
속 격	noctis	noctium
여 격	noctī	noctibus
대 격	noctem	noctēs
탈 격	nocte	noctibus

⑨ **Nōmen** n. 이름

	단 수	복 수
주 격	nōmen	nōmina
속 격	nōminis	nōminum
여 격	nōminī	nōminibus
대 격	nōmen	nōmina
탈 격	nōmine	nōminibus

⑩ **Caput** n. 머리

	단 수	복 수
주격	caput	capita
속격	capitis	capitum
여격	capitī	capitibus
대격	caput	capita
탈격	capite	capitibus

⑪ **Opus** n. 일, 노동

	단 수	복 수
주격	opus	opera
속격	operis	operum
여격	operī	operibus
대격	opus	opera
탈격	opere	operibus

⑫ **Iter** n. 길, 여정 ; 방법

	단 수	복 수
주격	iter	itinera
속격	itineris	itinerum
여격	itinerī	itineribus
대격	iter	itinera
탈격	itinere	itineribus

⑬ **Mare** n. 바다

	단 수	복 수
주격	mare	maria
속격	maris	marium
여격	marī	maribus
대격	mare	maria
탈격	marī	maribus

⑭ **Animal** n. 동물

	단 수	복 수
주격	animal	animālia
속격	animālis	animālium
여격	animālī	animālibus
대격	animal	animālia
탈격	animālī	animālibus

⑮ **Cor** n. 심장, 마음

	단 수	복 수
주격	cor	corda
속격	cordis	cordum
여격	cordī	cordibus
대격	cor	corda
탈격	corde	cordibus

1.3.1. 제3불규칙변화(5가지 형태 참조)

※ 불규칙 명사 변화는 그리스어에서 유래된 어휘(이름)를 일컬음.

① **Hērōs** m. 영웅

	단 수	복 수
주격	hērōs	hērōes
속격	hērōis	hērōum
여격	hēroï	hēroïbus
대격	hērōem	hērōes
탈격	hērōë	hēroïbus

② **Basis** f. 기반, 기본

	단 수	복 수
주격	basis	basēs
속격	basis	basium
여격	basī	basibus
대격	basim	basīs
탈격	basī	basibus

③ **Naias** f. 나이스(물의 요정)

	단 수	복 수
주격	naias	naiad
속격	naiadis	naiadum
여격	naiadi	naiadibus
대격	naiadem	naiadis
탈격	naiade	naiadibus

④ **Tigris** mf. 호랑이

	단 수	복 수
주 격	tiger	tigrēs
속 격	tigris	tigrium
여 격	tigrī	tigribus
대 격	tigrem	tigres
탈 격	tigrī	tigribus

⑤ **Lampas** f. 등(불)

	단 수	복 수
주 격	lampas	lampades
속 격	lampadis	lampadum
여 격	lampadī	lampadibus
대 격	lampadem	lampades
탈 격	lampade	lampadibus

1.4. 제4규칙변화 (3가지 형태 참조)

① **Fructus** m. 과일

	단 수	복 수
주 격	fructus	fructūs
속 격	fructūs	fructuum
여 격	fructuī	fructibus
대 격	fructum	fructūs
탈 격	fructū	fructibus

② **Manus** f. 손

	단 수	복 수
주 격	manus	manūs
속 격	manūs	manuum
여 격	manuī	manibus
대 격	manum	manūs
탈 격	manū	manibus

③ **Genū** n. 무릎

	단 수	복 수
주 격	genū	genua
속 격	genūs	genuum
여 격	genū	genibus
대 격	genū	genua
탈 격	genū	genibus

1.5. 제5규칙변화 (2가지 형태 참조)

① **Diēs** m. 하루, 낮, 날짜

	단 수	복 수
주 격	diēs	diēs
속 격	diēī	diērum
여 격	diēī	diēbus
대 격	diem	diēs
탈 격	diē	diēbus

② **Rēs** f. 사물, 것

	단 수	복 수
주 격	rēs	rēs
속 격	reī	rērum
여 격	reī	rēbus
대 격	rem	rēs
탈 격	rē	rēbus

2 형용사변화

2.1. 제1규칙변화 (한 가지 형태 참조)

① **Bonus** 좋은

단수형	남성	여성	중성
주격	bonus	bona	bonum
속격	bonī	bonae	bonī
여격	bonō	bonae	bonō
대격	bonum	bonam	bonum
탈격	bonō	bonā	bonō

복수형	남성	여성	중성
주격	bonī	bonae	bona
속격	bonōrum	bonārum	bonōrum
여격	bonīs	bonīs	bonīs
대격	bonōs	bonās	bona
탈격	bonīs	bonīs	bonīs

2.1.1. 제1불규칙변화(2가지 형태 참조)

※ 복수형은 규칙 변화와 일치한다.

① **Alius** 또 다른 하나, 하나 더

단수형	남성	여성	중성
주격	alius	alia	aliud
속격	alīus	alīus	alīus
여격	aliī	aliī	aliī
대격	alium	aliam	aliud
탈격	aliō	aliā	aliō

② **Tōtus** 모든

단수형	남성	여성	중성
주격	tōtus	tōta	tōtum
속격	tōtīus	tōtīus	tōtīus
여격	tōtī	tōtī	tōtī
대격	tōtum	tōtam	tōtum
탈격	tōtō	tōtā	tōto

2.2. 제2규칙변화 (2가지 형태 참조)

① **Tener** 부드러운

단 수 형	남 성	여 성	중 성
주 격	tener	tenera	tenerum
속 격	tenerī	tenerae	tenerī
여 격	tenerō	tenerae	tenerō
대 격	tenerum	teneram	tenerum
탈 격	tenerō	tenerā	tenerō

복 수 형	남 성	여 성	중 성
주 격	tenerī	tenerae	tenera
속 격	tenerōrum	tenerārum	tenerōrum
여 격	tenerīs	tenerīs	tenerīs
대 격	tenerōs	tenerās	tenera
탈 격	tenerīs	tenerīs	tenerīs

② **Sacer** 성스러운

단 수 형	남 성	여 성	중 성
주 격	sacer	sacra	sacrum
속 격	sacrī	sacrae	sacrī
여 격	sacrō	sacrae	sacrō
대 격	sacrum	sacram	sacrum
탈 격	sacrō	sacrā	sacrō

복수형	남성	여성	중성
주격	sacrī	sacrae	sacra
속격	sacrōrum	sacrārum	sacrōrum
여격	sacrīs	sacrīs	sacrīs
대격	sacrōs	sacrās	sacra
탈격	sacrīs	sacrīs	sacrīs

2.2.1. 제2불규칙변화(2가지 형태 참조)

※ 복수형은 규칙 변화와 일치한다.

① **Alter** 나머지 하나

단수형	남성	여성	중성
주격	alter	altera	alterum
속격	alterīus	alterīus	alterīus
여격	alterī	alterī	alterī
대격	alterum	alteram	alterum
탈격	alterō	alterā	alterō

② **Uter** 둘 중에 어떤 것

단수형	남성	여성	중성
주격	uter	utra	utrum
속격	utrīus	utrīus	utrīus
여격	utrī	utrī	utrī
대격	utrum	utram	utrum
탈격	utrō	utrā	utrō

2.3. 제3규칙변화 (6가지 형태 참조)

① **Alacer** 생기[활력] 넘치는

단 수 형	남 성	여 성	중 성
주 격	alacer	alacris	alacre
속 격	alacris	alacris	alacris
여 격	alacrī	alacrī	alacrī
대 격	alacrem	alacrem	alacre
탈 격	alacrī	alacrī	alacrī

복 수 형	남 성	여 성	중 성
주 격	alacrēs	alacrēs	alacria
속 격	alacrium	alacrium	alacrium
여 격	alacribus	alacribus	alacribus
대 격	alacrēs	alacrēs	alacria
탈 격	alacribus	alacribus	alacribus

② **Fortis** 용감한

단 수 형	남 성	여 성	중 성
주 격	fortis	fortis	forte
속 격	fortis	fortis	fortis
여 격	fortī	fortī	fortī
대 격	fortem	fortem	forte
탈 격	fortī	fortī	fortī

복수형	남성	여성	중성
주격	fortēs	fortēs	fortia
속격	fortium	fortium	fortium
여격	fortibus	fortibus	fortibus
대격	fortēs	fortēs	fortia
탈격	fortibus	fortibus	fortibus

③ **Fortior** 더 용감한

단수형	남성	여성	중성
주격	fortior	fortior	fortius
속격	fortiōris	fortiōris	fortiōris
여격	fortiōrī	fortiōrī	fortiōrī
대격	fortiōrem	fortiōrem	fortius
탈격	fortiōrī	fortiōrī	fortiōrī

복수형	남성	여성	중성
주격	fortiōrēs	fortiōrēs	fortiōra
속격	fortiōrum	fortiōrum	fortiōrum
여격	fortiōribus	fortiōribus	fortiōribus
대격	fortiōrēs	fortiōrēs	fortiōra
탈격	fortiōribus	fortiōribus	fortiōribus

④ **Audāx** 대담한

단수형	남성	여성	중성
주격	audāx	audāx	audāx
속격	audācis	audācis	audācis
여격	audācī	audācī	audācī
대격	audācem	audācem	audāx
탈격	audācī	audācī	audācī

복수형	남성	여성	중성
주격	audācēs	audācēs	audācia
속격	audācium	audācium	audācium
여격	audācibus	audācibus	audācibus
대격	audācēs	audācēs	audācia
탈격	audācibus	audācibus	audācibus

⑤ **Potēns** 힘있는

단수형	남성	여성	중성
주격	potēns	potēns	potēns
속격	potentis	potentis	potentis
여격	potentī	potentī	potentī
대격	potentem	potentem	potēns
탈격	potentī	potentī	potentī

복수형	남성	여성	중성
주격	potentēs	potentēs	potentia
속격	potentium	potentium	potentium
여격	potentibus	potentibus	potentibus
대격	potentēs	potentēs	potentia
탈격	potentibus	potentibus	potentibus

⑥ **Vetus** 나이든, 오래된

단수형	남성	여성	중성
주격	vetus	vetus	vetus
속격	veteris	veteris	veteris
여격	veterī	veterī	veterī
대격	veterem	veterem	vetus
탈격	vetere	vetere	vetere

복수형	남성	여성	중성
주격	veterēs	veterēs	vetera
속격	veterum	veterum	veterum
여격	veteribus	veteribus	veteribus
대격	veterēs	veterēs	vetera
탈격	veteribus	veteribus	veteribus

3 동사변화

3.1. 제1규칙변화형

① 능동형

Amō 타 1. 사랑하다, 좋아하다, 마음에 들어하다. 2. 사랑에 빠지다.
3. [신을 주어로] 신의 가호가 있기를 바라다.

직 설 법		접 속 법	
현 재		현 재	
amō	amāmus	amem	amēmus
amās	amātis	amēs	amētis
amat	amant	amet	ament
불완료 과거		불완료 과거	
amābam	amābāmus	amārem	amārēmus
amābās	amābātis	amārēs	amārētis
amābat	amābant	amāret	amārent
부정과거		부정과거	
amāvī	amāvimus	amāverim	amāverimus
amāvistī	amāvistis	amāveris	amāveritis
amāvit	amāvērunt	amāverit	amāverint
과거완료		과거완료	
amāveram	amāverāmus	amāvissem	amāvissēmus
amāverās	amāverātis	amāvissēs	amāvissētis
amāverat	amāverant	amāvisset	amāvissent
미 래		현재 명령법(2인칭)	
amabō	amābimus	amā	amāte
amābis	amābitis		
amābit	amābunt		
미래완료		원형·과거분사형	현재분사형
amāverō	amāverimus	amāre	(속격) amandī
amāveris	amāveritis	amātus	(여격) amandō
amāverit	amāverint		(대격) amandum
			(탈격) amandō

② **수동형**

Amō 타 1. 사랑하다, 좋아하다, 마음에 들어하다. 2. 사랑에 빠지다.
3. [신을 주어로] 신의 가호가 있기를 바라다.

직 설 법		접 속 법	
현 재		현 재	
amor	amāmur	amer	amēmur
amāris	amāminī	amēris	amēminī
amātur	amantur	amētur	amentur
불완료 과거		불완료 과거	
amābar	amābāmur	amārer	amārēmur
amābāris	amābāminī	amārēris	amārēminī
amābātur	amābantur	amārētur	amārentur
부정과거		부정과거	
amātus sum	amātī sumus	amātus sim	amātī sīmus
amātus es	amātī estis	amātus sīs	amātī sītis
amātus est	amātī sunt	amātus sit	amātī sint
과거완료		과거완료	
amātus eram	amātī erāmus	amātus essem	amātī essēmus
amātus erās	amātī erātis	amātus essēs	amātī essētis
amātus erat	amātī erant	amātus esset	amātī essent
미 래		현재 명령법(2인칭)	
amābor	amābimur	amāre	amāminī
amāberis	amābiminī		
amābitur	amābuntur		
미래완료		원형·과거분사형	현재분사형
amātus erō amātī erimus		amāri	(속격) amandī
amātus eris amātī eritis		amātus	(여격) amandō
amātus erit amātī erunt			(대격) amandum
			(탈격) amandō

3.2. 제2규칙변화형

① 능동형

Moneō 타 충고하다, 조언하다.

직 설 법		접 속 법	
현 재		현 재	
moneō	monēmus	moneam	moneāmus
monēs	monētis	moneās	moneātis
monet	monent	moneat	moneant
불완료 과거		불완료 과거	
monēbam	monēbāmus	monērem	monērēmus
monēbās	monēbātis	monērēs	monērētis
monēbat	monēbant	monēret	monērent
부정과거		부정과거	
monuī	monuimus	monuerim	monuerimus
monuistī	monuistis	monueris	monueritis
monuit	monuērunt	monuerit	monuerint
과거완료		과거완료	
monueram	monuerāmus	monuissem	monuissēmus
monuerās	monuerātis	monuissēs	monuissētis
monuerat	monuerant	monuisset	monuissent
미 래		현재 명령법(2인칭)	
monēbō	monēbimus	monē	monete
monēbis	monēbitis		
monēbit	monēbunt		
미래완료		원형 · 과거분사형	현재분사형
monuerō	monuerimus	monēre	(속격) monendī
monueris	monueritis	monitus	(여격) monendō
monuerit	monuerint		(대격) monendum
			(탈격) monendō

② 수동형

Moneō 타 충고하다, 조언하다.

직 설 법		접 속 법	
현 재		현 재	
moneor	monēmur	monear	moneāmur
monēris	monēminī	moneāris	moneāminī
monētur	monentur	moneātur	moneantur
불완료 과거		불완료 과거	
monēbar	monēbāmur	monērer	monērēmur
monēbāris	monēbāminī	monērēris	monērēminī
monēbātur	monēbantur	monērētur	monērentur
부정과거		부정과거	
monitus sum	monitī sumus	monitus sim	monitī sīmus
monitus es	monitī estis	monitus sīs	monitī sītis
monitus est	monitī sunt	monitus sit	monitī sint
과거완료		과거완료	
monitus eram	monitī erāmus	monitus essem	monitī essēmus
monitus erās	monitī erātis	monitus essēs	monitī essētis
monitus erat	monitī erant	monitus esset	monitī essent
미 래		현재 명령법(2인칭)	
monēbor	monēbimur		
monēberis	monēbiminī	monēre	monēminī
monēbitur	monēbuntur		
미래완료		원형·과거분사형	현재분사형
monitus erō monitī erimus monitus eris monitī eritis monitus erit monitī erunt		monēri monitus	(속격) monendī (여격) monendō (대격) monendum (탈격) monendō

3.3. 제3규칙변화형

① 능동형

Regō 타 지배하다, 통치하다; 지휘하다.

직 설 법		접 속 법	
현 재		현 재	
regō	regimus	regam	regāmus
regis	regitis	regās	regātis
regit	regunt	regat	regant
불완료 과거		불완료 과거	
regēbam	regēbāmus	regerem	regerēmus
regēbās	regēbātis	regerēs	regerētis
regēbat	regēbant	regeret	regerent
부정과거		부정과거	
rēxī	rēximus	rēxerim	rēxerimus
rēxistī	rēxistis	rēxeris	rēxeritis
rēxit	rēxērunt	rēxerit	rēxerint
과거완료		과거완료	
rēxeram	rēxerāmus	rēxissem	rēxissēmus
rēxerās	rēxerātis	rēxissēs	rēxissētis
rēxerat	rēxerant	rēxisset	rēxissent
미 래		현재 명령법(2인칭)	
regam	regēmus		
regēs	regētis	regē	regite
reget	regent		
미래완료		원형·과거분사형	현재분사형
rēxerō	rēxerimus	regere	(속격) regendī
rēxeris	rēxeritis	rēctus	(여격) regendō
rēxerit	rēxerint		(대격) regendum
			(탈격) regendō

② 수동형

Regō 타 지배하다, 통치하다; 지휘하다

직 설 법		접 속 법	
현 재		현 재	
regor	regimur	regar	regāmur
regeris	regiminī	regāris	regāminī
regitur	reguntur	regātur	regantur
불완료 과거		불완료 과거	
regēbar	regēbamur	regerer	regerēmur
regēbāris	regēbāminī	regerēris	regerēminī
regēbātur	regēbantur	regerētur	regerentur
부정과거		부정과거	
rēctus sum	rēctī sumus	rēctus sim	rēctī sīmus
rēctus es	rēctī estis	rēctus sīs	rēctī sītis
rēctus est	rēctī sunt	rēctus sit	rēctī sint
과거완료		과거완료	
rēctus eram	rēctī erāmus	rēctus essem	rēctī essēmus
rēctus erās	rēctī erātis	rēctus essēs	rēctī essētis
rēctus erat	rēctī erant	rēctus esset	rēctī essent
미 래		현재 명령법(2인칭)	
regar	regēmur	regere	regimini
regēris	regēminī		
regētur	regentur		
미래완료		원형 · 과거분사형	현재분사형
rēctus erō	rēctī erimus	regi rēctus	(속격) regendī (여격) regendō (대격) regendum (탈격) regendō
rēctus eris	rēctī eritis		
rēctus erit	rēctī erunt		

3.3.1. 제3불규칙 변화형
① 능동형

Capiō 타 1. 잡다, 붙잡다. 2. 점령하다. 3. 체포하다.

직 설 법		접 속 법	
현 재		현 재	
capiō	capimus	capiam	capiāmus
capis	capitis	capiās	capiātis
capit	capiunt	capiat	capiant
불완료 과거		불완료 과거	
capiēbam	capiēbāmus	caperem	caperēmus
capiēbās	capiēbātis	caperēs	caperētis
capiēbat	capiēbant	caperet	caperent
부정과거		부정과거	
cēpī	cēpimus	cēperim	cēperimus
cēpistī	cēpistis	cēperis	cēperitis
cēpit	cēpērunt	cēperit	cēperint
과거완료		과거완료	
cēperam	cēperāmus	cēpissem	cēpissēmus
cēperās	cēperātis	cēpissēs	cēpissētis
cēperat	cēperant	cēpisset	cēpissent
미 래		현재 명령법(2인칭)	
capiam	capiēmus	cape	capite
capiēs	capiētis		
capiet	capient		
미래완료		원형·과거분사형	현재분사형
cēperō	cēperimus	capere	(속격) capiendī
cēperis	cēperitis	captus	(여격) capiendō
cēperit	cēperint		(대격) capiendum
			(탈격) capiendō

② 수동형
Capiō 타 1. 잡다, 붙잡다. 2. 점령하다. 3. 체포하다.

직 설 법		접 속 법	
현 재		현 재	
capior	capimur	capiar	capiāmur
caperis	capiminī	capiāris	capiāminī
capitur	capiuntur	capiātur	capiantur
불완료 과거		불완료 과거	
capiēbar	capiēbamur	caperer	caperēmur
capibāris	capiēbāminī	caperēris	caperēminī
capiēbātur	capiēbāntur	caperētur	caperentur
부정과거		부정과거	
captus sum	captī sumus	captus sim	captī sīmus
captus es	captī estis	captus sīs	captī sītis
captus est	captī sunt	captus sit	captī sint
과거완료		과거완료	
captus eram	captī erāmus	captus essem	captī essēmus
captus erās	captī erātis	captus essēs	captī essētis
captus erat	captī erant	captus esset	captī essent
미 래		현재 명령법(2인칭)	
capiar	capiēmur	capere	capimini
capiēris	capiēminī		
capiētur	capientur		
미래완료		원형·과거분사형	현재분사형
captus erō captī erimus captus eris captī eritis captus erit captī erunt		capi captus	(속격) capiendī (여격) capiendō (대격) capiendum (탈격) capiendō

3.4. 제4규칙변화형

① 능동형

Audiō 타 듣다; 들리다.

직 설 법		접 속 법		
현 재		현 재		
audiō audīmus audīs audītis audit audiunt		audiam audiāmus audiās audiātis audiat audiant		
불완료 과거		불완료 과거		
audiēbam audiēbāmus audiēbās audiēbātis audiēbat audiēbant		audīrem audīrēmus audīrēs audīrētis audīret audīrent		
부정과거		부정과거		
audīvī audīvimus audīvistī audīvistis audīvit audīvērunt		audīverim audīverimus audīveris audīveritis audīverit audīverint		
과거완료		과거완료		
audīveram audīverāmus audīverās audīverātis audīverat audīverant		audīvissem audīvissēmus audīvissēs audīvissētis audīvisset audīvissent		
미 래		현재 명령법(2인칭)		
audiam audiēmus audiēs audiētis audiet audient		audi audite		
미래완료		원형·과거분사형	현재분사형	
audīverō audīverimus audīveris audīveritis audīverit audīverint		audīre audītus	(속격) audiendī (여격) audiendō (대격) audiendum (탈격) audiendō	

② 수동형

Audiō 타 듣다; 들리다.

직 설 법		접 속 법	
현 재		현 재	
audior	audīmur	audiar	audiāmur
audīris	audīminī	audiāris	audiāminī
audītur	audiuntur	audiātur	audiantur
불완료 과거		불완료 과거	
audiēbar	audiēbamur	audīrer	audīrēmur
audiēbāris	audiēbāminī	audīrēris	audīrēminī
audiēbātur	audiēbantur	audiīrētur	audīrentur
부정과거		부정과거	
audītus sum	audītī sumus	audītus sim	audītī sīmus
audītus es	audītī estis	audītus sis	audītī sītis
audītus est	audītī sunt	audītus sit	audītī sint
과거완료		과거완료	
audītus eram	audītī erāmus	audītus essem	audītī essēmus
audītus erās	audītī erātis	audītus essēs	audītī essētis
audītus erat	audītī erant	audītus esset	audītī essent
미 래		현재 명령법(2인칭)	
audiar	audiēmur	audire	audimini
audiēris	audiēminī		
audiētur	audientur		
미래완료		원형 · 과거분사형	현재분사형
audītus erō	audītī erimus	audiri	(속격) audiendī
audītus eris	audītī eritis	audītus	(여격) audiendō
audītus erit	audītī erunt		(대격) audiendum
			(탈격) audiendō

3.5. Sum 동사 변화형

Sum 자 ~이다; ~있다.

직 설 법		접 속 법	
현 재		현 재	
sum	sumus	sim	sīmus
es	estis	sīs	sītis
est	sunt	sit	sint
불완료 과거		불완료 과거	
eram	erāmus	essem	essēmus
erās	erātis	essēs	essētis
erat	erant	esset	essent
부정과거		부정과거	
fuī	fuimus	fuerim	fuerīmus
fuistī	fuistis	fuerīs	fuerītis
fuit	fuērunt	fuerit	fuerint
과거완료		과거완료	
fueram	fuerāmus	fuissem	fuissēmus
fuerās	fuerātis	fuissēs	fuissētis
fuerat	fuerant	fuisset	fuissent
미 래		현재 명령법(2인칭)	
erō	erimus	esto	estote
eris	eritis		
erit	erunt		
미래완료		원형 · 미래분사형	
fuerō	fuerimus	esse	
fueris	fueritis	futūrus	
fuerit	fuerint		

3.6. Fīō 동사 변화형

Fīō 자 ~가[이] 되다.

직 설 법		접 속 법	
현 재		현 재	
fīō	fīmus	fīam	fīāmus
fīs	fītis	fīās	fīātis
fit	fīunt	fīat	fīant
불완료 과거		불완료 과거	
fīēbam	fīēbāmus	fierem	fierēmus
fīēbās	fīēbātis	fierēs	fierētis
fīēbat	fīēbant	fieret	fierent
부정과거		부정과거	
factus sum	factī sumus	factus sim	factī sīmus
factus es	factī estis	factus sīs	factī sītis
factus est	factī sunt	factus sit	factī sint
과거완료		과거완료	
factus eram	factī erāmus	factus essem	factī essēmus
factus erās	factī erātis	factus essēs	factī essētis
factus erat	factī erant	factus esset	factī essent
미 래		현재 명령법(2인칭)	
fīam	fīēmus	fī	fīte
fīēs	fīētis		
fīet	fīent		
미래완료		원형 · 과거분사형	
factus erō	factī erimus	fierī	
factus eris	factī eritis	factus	
factus erit	factī erunt		